CADERNOS PRÁTICOS DE XADREZ 6

ANTONIO GUDE

ATAQUES ao REI no CENTRO

128 EXERCÍCIOS TEMÁTICOS PARA UM TREINAMENTO ESTRUTURADO

Tradução de Jussara Chaves Garcez Leme

2021

ISBN: 9788598628417

Dados Internacionais de Catalogação da Publicação (CIP)

Gude, Antonio Fernández, 1946 Cadernos Práticos de Xadrez, 6 - Ataques ao Rei no Centro; Editora Solis 2021, Aveiro, Portugal.
Título original: Cuadernos Prácticos de Ajedrez, 6 - Ataques al Rey en el Centro
1.Xadrez 2.Ensino de xadrez 3.Treinamento de xadrez 4. Exercícios de xadrez 5.Problemas

04-5156   CDD - 794.12

Contato com a Editora Solis

No Brasil: comercial@editorasolis.com.br

Em Portugal: comercial@editorasolis.pt

SUMÁRIO

INTRODUÇÃO

A teoria estabelece modelos didáticos no tratamento de posições, ou no estudo dos diferentes temas técnicos, mas a prática se encarrega de criar o caos com sua diversidade, o que constitui precisamente um dos grandes atrativos do xadrez.

Os manuais *Escola de Xadrez* (1 e 2) têm uma destacada orientação prática, como o demonstra o fato de que, além das numerosas posições comentadas no corpo principal, ambos livros contenham um bloco adicional de 160 e 128 exercícios, respectivamente.

Não obstante, o esforço por sistematizar o material, reduzindo-o a modelos válidos, por conta da melhor orientação didática possível, não basta para que o jogador possa captar a variedade e riqueza do xadrez de competição. Esta iniciativa editorial responde à necessidade do jogador ativo de cultivar um treinamento sistemático, e estes cadernos, com 128 exercícios cada um, em três níveis de dificuldade, contribuirão para solucionar esse aspecto, porque vêm a ser *parques temáticos*, com posições que ampliam aspectos monográficos desenvolvidos teoricamente nos manuais.

Cada caderno está dividido em seções, e os exercícios destas são qualificados com uma, duas ou três estrelinhas, segundo o grau de dificuldade, de acordo com a técnica empregada em *Escola de Xadrez* (1 e 2).

Medir a dificuldade de um exercício não é fácil. Não apenas porque a avaliação objetiva seja difícil por si mesma, mas porque o grau de dificuldade é diferente para cada pessoa. A aspiração destes cadernos é chegar ao mais amplo número possível de enxadristas, pois só assim se justificará sua publicação. Em termos gerais, creio que o tempo de resolução deve ser de:

Primeiro nível	★	(1 estrela)	1- 3 minutos
Segundo nível	★★	(2 estrelas)	5 -10 minutos
Terceiro nível	★★★	(3 estrelas)	10 -20 minutos

O tempo de reflexão não tem por que ser excessivamente rigoroso. Os autodidatas podem guiar-se por esta estimativa orientadora, enquanto – como já se havia sugerido em *Escola de Xadrez* – o ideal é que, em seu caso, o treinador marque para um grupo de jogadores ou para um jogador determinado o tempo exato que considere oportuno para cada exercício, ou bloco de exercícios.

ATAQUES AO REI NO CENTRO

Rei no centro é um conceito instalado no léxico do xadrez que, no entanto, não é muito preciso. Na verdade, quando se fala de ataques ao rei no centro, entende-se que o rei atacado se encontra na sua casa inicial ou próximo a ela. Essa casa (ou essa posição) não tem muito a ver com o centro geométrico do tabuleiro, apenas com o centro da última (ou primeira) fileira, e seria mais lógico referir-se a esta figura como um rei sem roque , ou algo parecido. Mas respeitamos a expressão porque consideramos que é um lugar de compreensão habitual.

Os exercícios neste caderno ilustram o tópico estudado no capítulo 8 da *Escola de Xadrez* e no capítulo 7 da *Escola de Xadrez 2*.

O aluno deve ter em conta que, ao resolver os exercícios, não lhe é pedido que decifre todos e cada um dos lances da partida (que, por vezes, estão incluídos até ao final, para fins documentais), mas apenas aqueles que levam à vantagem decisiva de um lado (+ -, - +), ou empates forçados (=) quando apropriado. Existem exceções (e, nesse sentido, a orientação de um instrutor, ou o próprio bom senso do leitor, é importante), porque se o primeiro ou segundo lance produzirem essa impressão, cabe esperar que o solucionista forneça linhas concretas adicionais que enriquecem a solução. O xadrez não é uma ciência matemática e admite várias interpretações.

Para progredir em xadrez apenas uma fórmula é conhecida: jogar o maior número possível de partidas, junto com o estudo teórico e a análise das próprias partidas. O complemento ideal dessa fórmula é, como recomendam muitos grandes mestres, que o jogador desenvolva e aperfeiçoe sua capacidade tática e estratégica, mediante a resolução de numerosos exercícios, especialmente selecionados por sua utilidade. Como os que aqui lhe oferecemos

1 - Ataques clássicos

1 - Jogam as pretas 

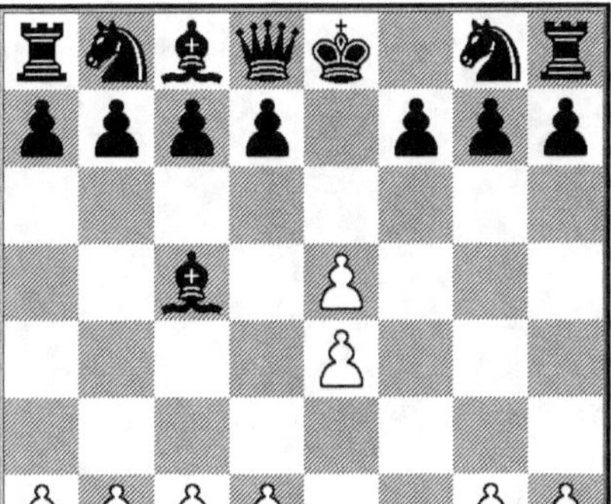

As brancas cometeram um erro grave com 3.f×e5?. Como serão punidas?

3 - Jogam as brancas 

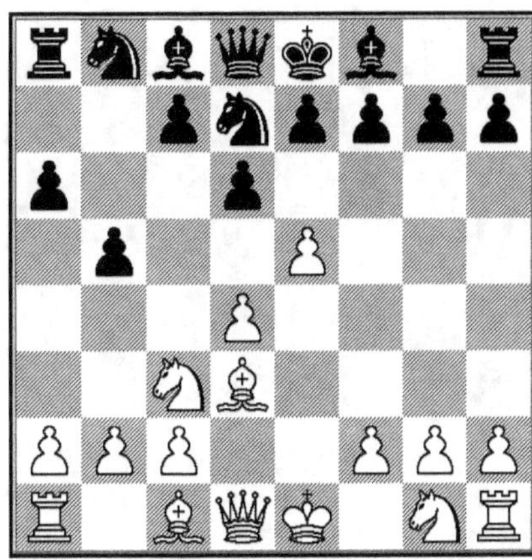

As brancas aqui têm uma forte continuação, que lhes dá clara vantagem. Qual é?

2 - Jogam as brancas 

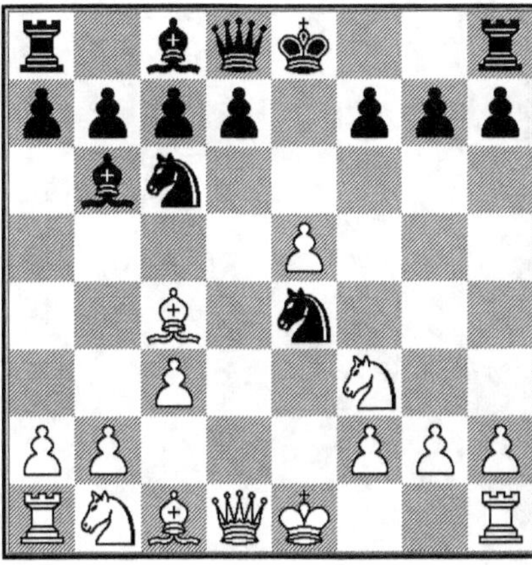

As pretas acabaram de jogar 6...♞×e4?. Como você continuaria?

4 - Jogam as brancas 

As pretas ameaçam o mate, mas suas peças estão descoordenadas e seu rei exposto. O que decide?

1 - Ataques clássicos

5 - Jogam as brancas 

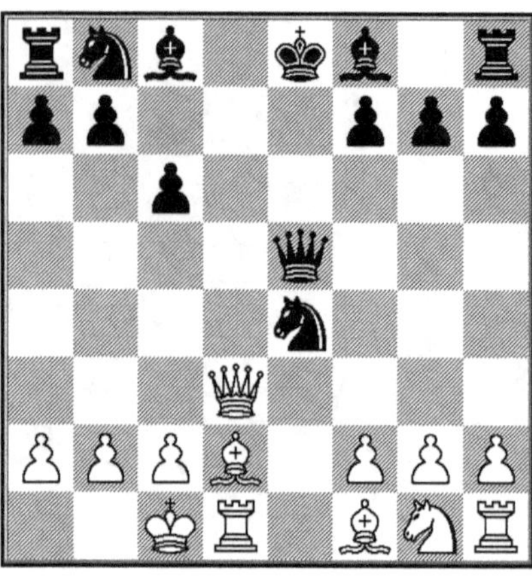

Apagão geral, com desenlace fulminante. Qual?

7 - Jogam as brancas 

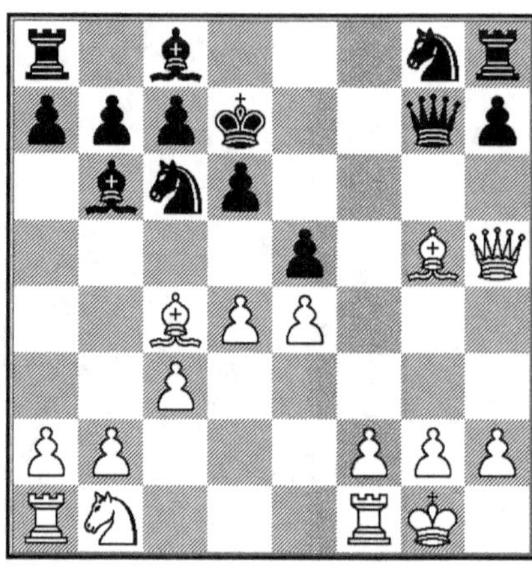

Aqui temos o rei das pretas protagonista passivo de uma partida muito antiga. Como arrematar?

6 - Jogam as brancas 

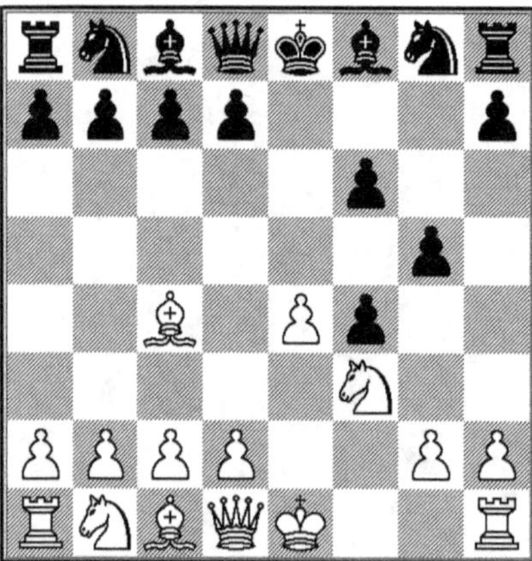

As pretas acabaram de cometer um erro (4...f6?). Como você responderia?

8 - Jogam as brancas 

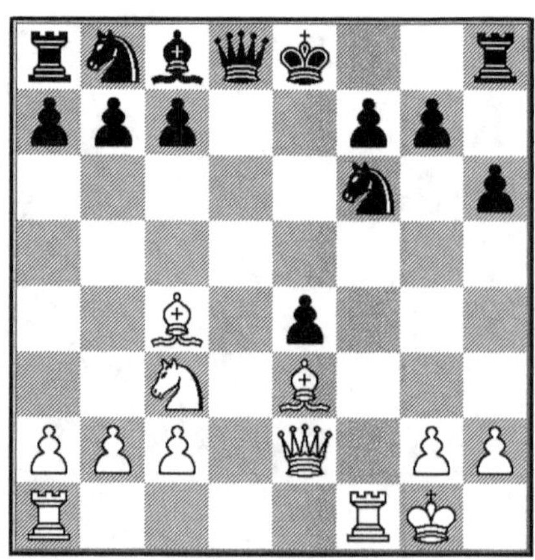

As pretas se atrasaram no desenvolvimento e o centro está perigosamente aberto. Emule o grande Anderssen.

1 - Ataques clássicos

9 - Jogam as brancas ★★

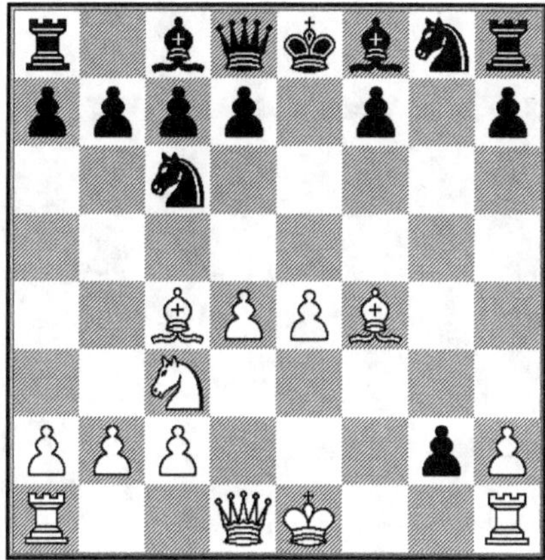

As brancas sacrificaram uma peça para chegar a esta posição... contra o campeão mundial! O que você faria?

11 - Jogam as pretas ★★

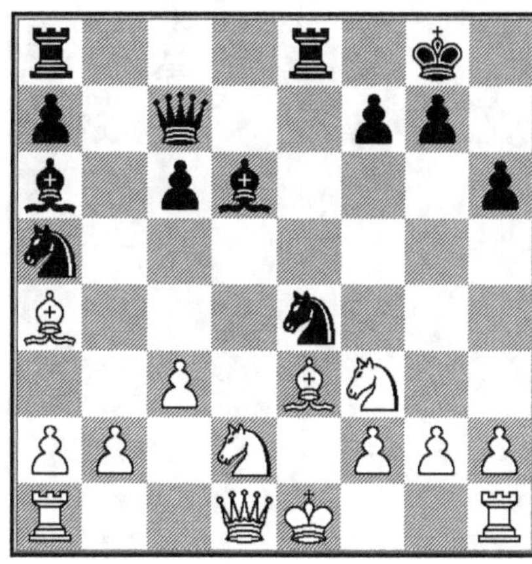

Que o rei branco está em perigo é evidente, com o tremendo bispo em a6 e a torre em sua coluna. Arremate.

10 - Jogam as brancas ★★

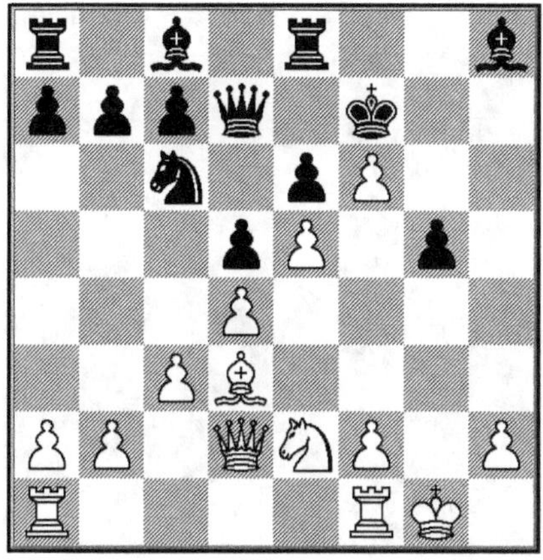

A cadeia de peões branca foi longe demais e as peças de defesa estão travadas. Como você continuaria?

12 - Jogam as brancas ★★

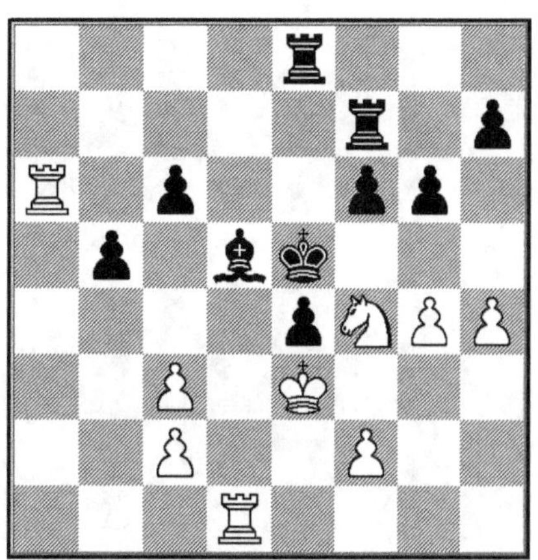

O rei das pretas parece bem amparado por suas hostes. Mas só parece. O que lhe ocorre?

1 - Ataques clássicos

13 - Jogam as pretas ★★

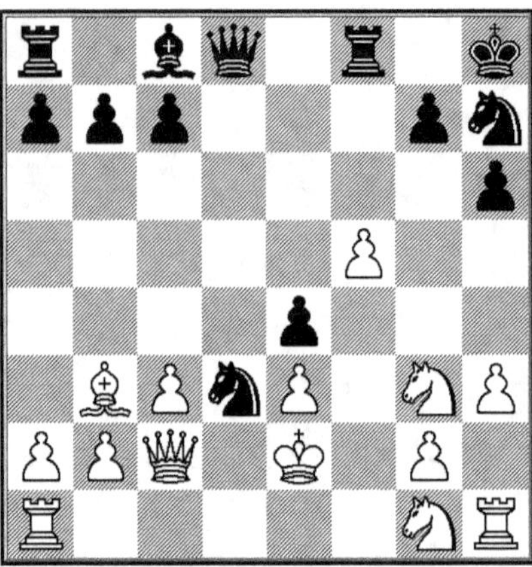

Com o xeque em d3, as pretas desenraizaram o rei das brancas. Como continuar o ataque?

15 - Jogam as brancas ★★

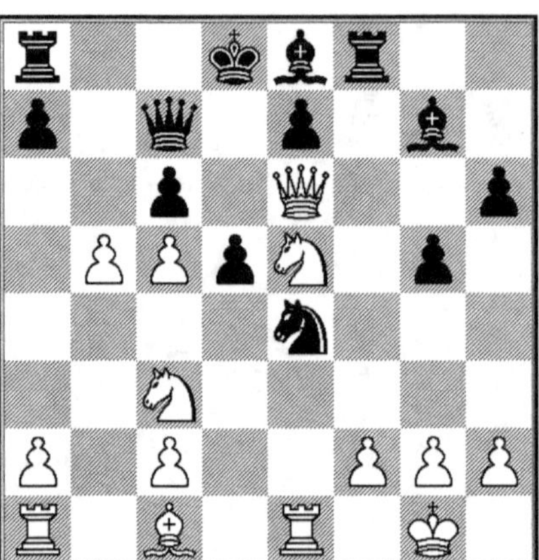

A posição das pretas é perdida. Trata-se de terminar com eficiência. Como você faria?

14 - Jogam as brancas ★★

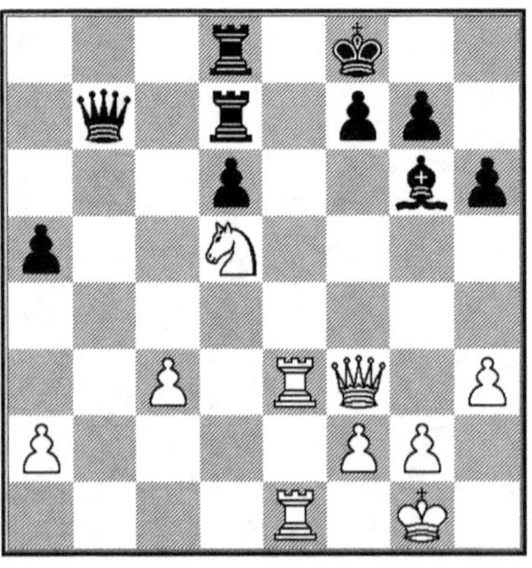

Mais do que um ataque, as brancas executam aqui uma manobra técnica que explora a posição do rei das pretas. Como fazem isso?

16 - Jogam as pretas ★★

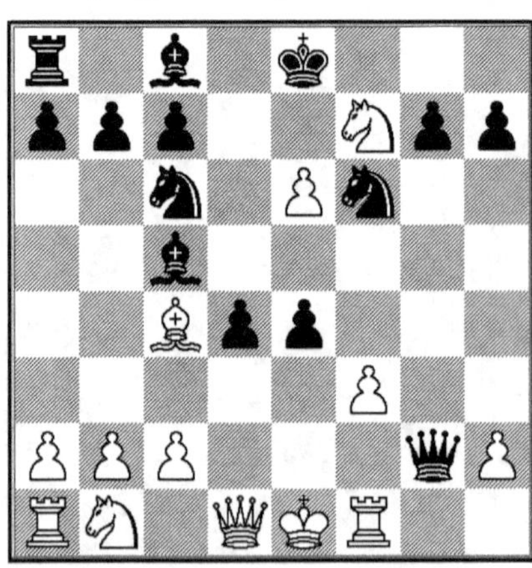

O grande Morphy quase não investiu material para alcançar esta esplêndida posição de ataque. Qual a sequência de vitória?

1 - Ataques clássicos

17 - Jogam as brancas ★★

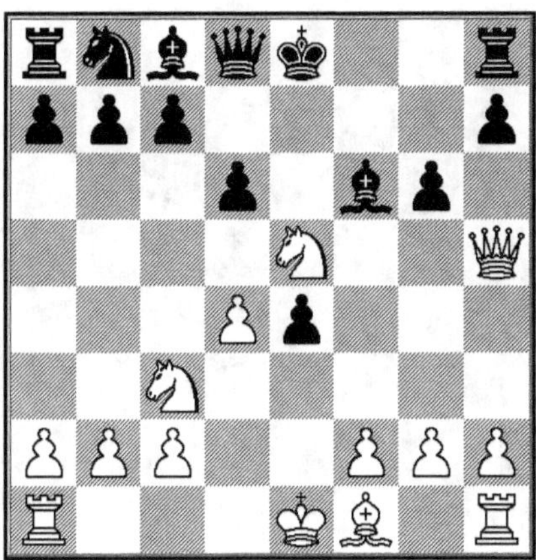

Um jogo de abertura fraco (por parte das pretas) torna esta posição um esquema de ataque típico. Como você joga?

19 - Jogam as brancas ★★

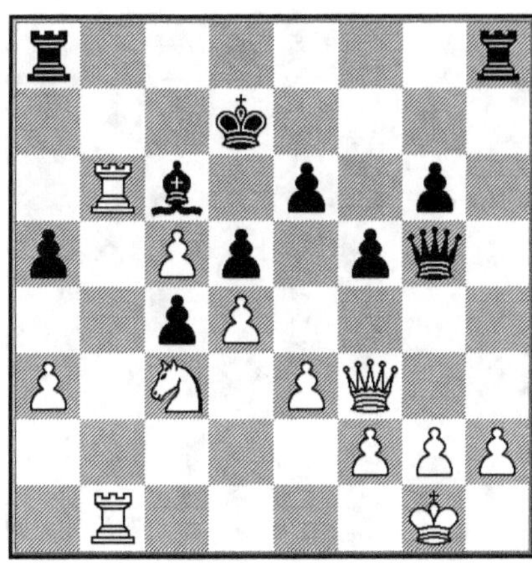

O rei das pretas parece estar bem protegido pelo seu esqueleto de peões, mas observe o domínio da coluna b e a peça que apóia a defesa.

18 - Jogam as brancas ★★

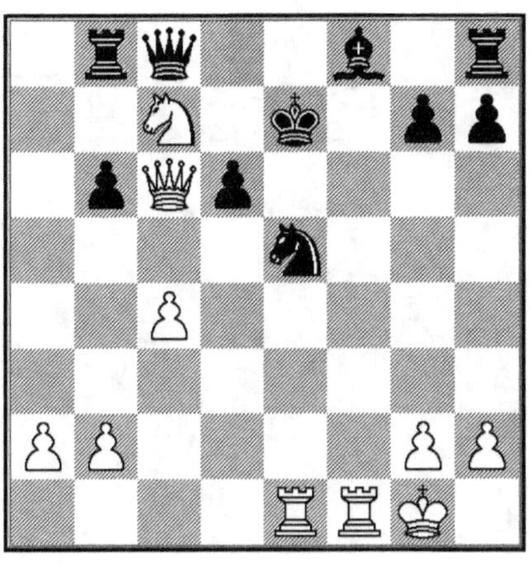

O primeiro lance parece fácil, mas é preciso calcular bem, com um toque de sutileza.

20 - Jogam as brancas ★★

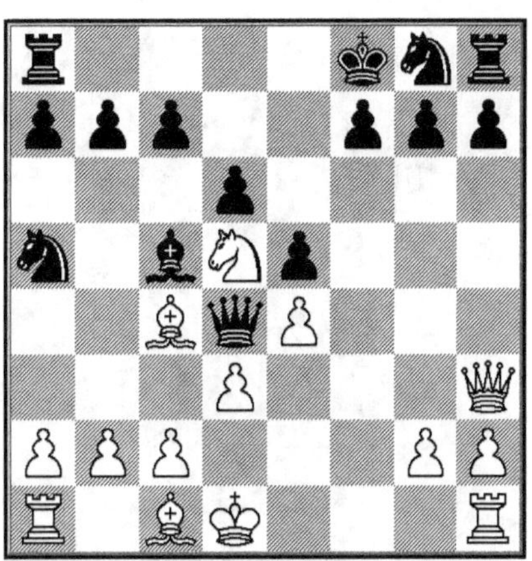

As brancas encontraram aqui uma sequência forte, que lhes permitiu destruir um adversário imponente. Qual foi?

1 - Ataques clássicos

21 - Jogam as brancas 

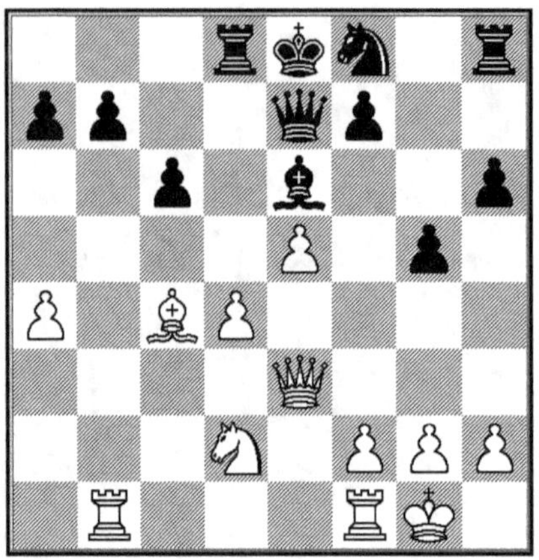

As pretas se precipitaram em um ataque de flanco (...h6, ...g5) que deixou seu rei no centro e suas peças descoordenadas. O que você joga?

22 - Jogam as brancas 

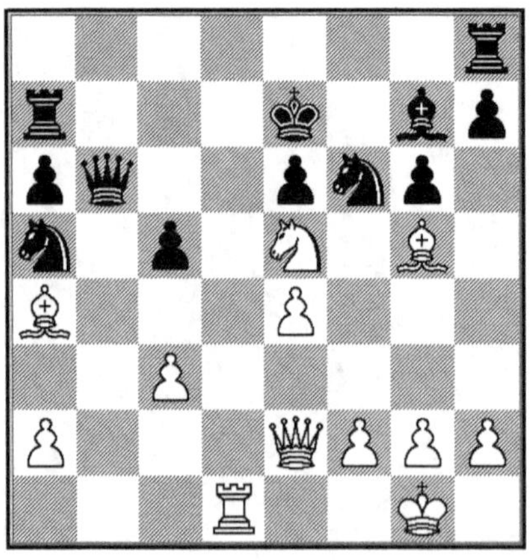

As brancas investiram uma torre inteira para alcançar esta posição de ataque promissora. O investimento é justificado?

23 - Jogam as brancas 

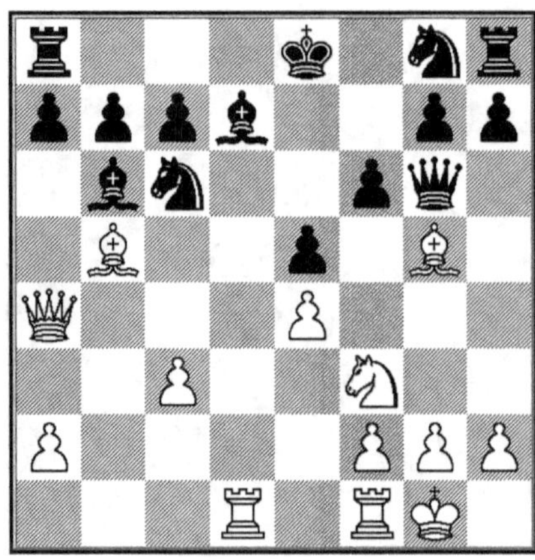

Temos o desenvolvimento concluído e o alvo no ponto da mira. Você só precisa puxar o gatilho com muito cuidado.

24 - Jogam as brancas 

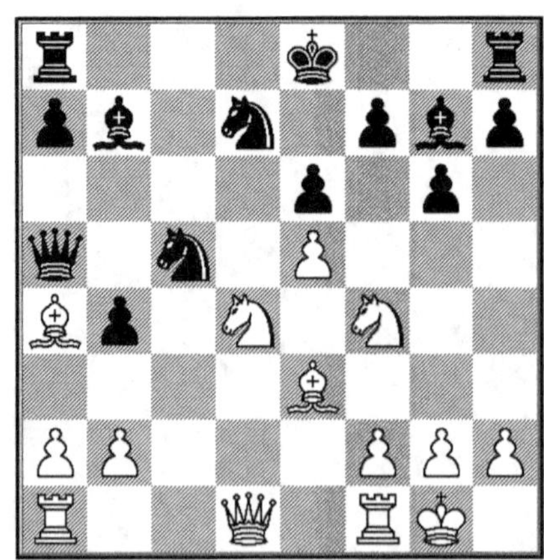

As brancas têm atacados seu bispo em a4 e o peão em e5, mas as circunstâncias são favoráveis, graças ao tema que nos ocupa.

1 - Ataques clássicos

25 - Jogam as brancas 

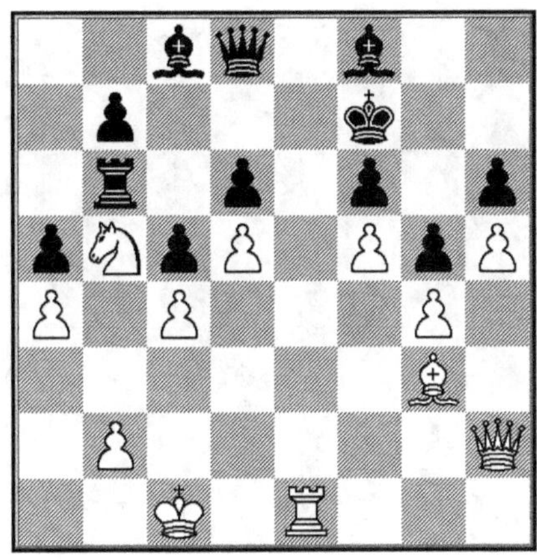

Como penetrar no campo inimigo: esse é o ponto crucial da questão. Por outro lado, o domínio das brancas é absoluto.

27 - Jogam as brancas 

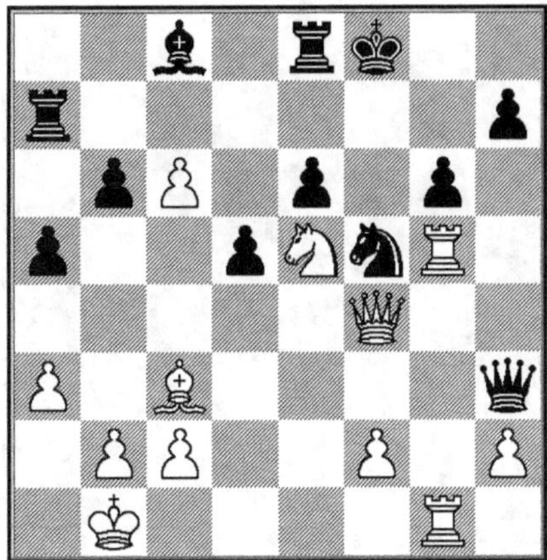

As cinco peças brancas e o peão c6 convergem para o rei das pretas, cuja posição é excessivamente "ventilada".

26 - Jogam as brancas 

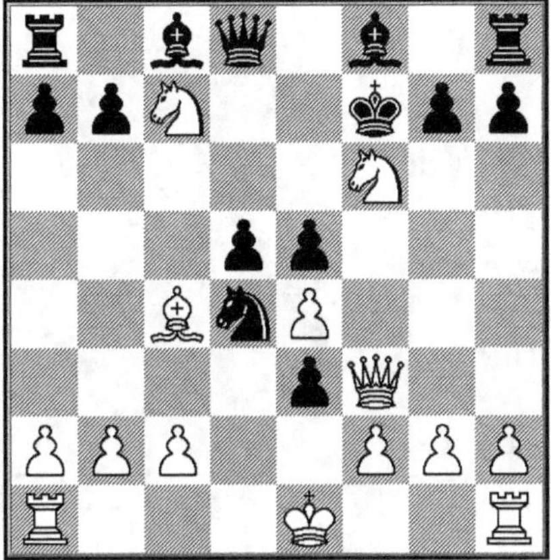

Tensões e contatos aqui estão em brasa, de modo que o resultado só pode ser violento.

28 - Jogam as brancas 

O cavalo não pode ser tomado, por ...♝c5. Mas as brancas não deixarão de aproveitar sua grande vantagem no desenvolvimento.

1 - Ataques clássicos

29 - Jogam as brancas ★ ★ ★

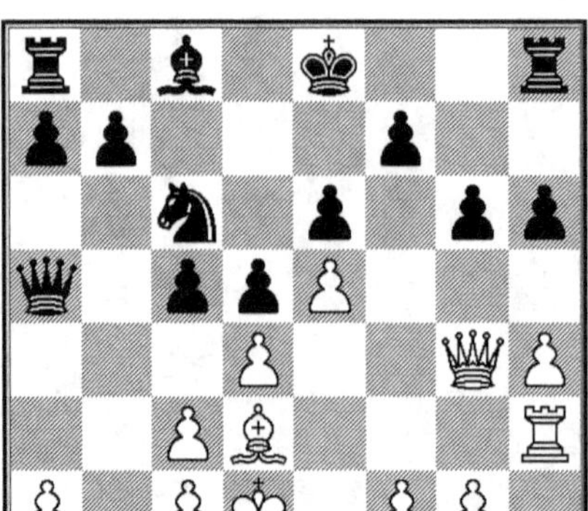

Nas posições da Francesa Winawer ambos os reis costumam ficar expostos. Aqui as brancas têm a palavrra.

31 - Jogam as brancas ★ ★ ★

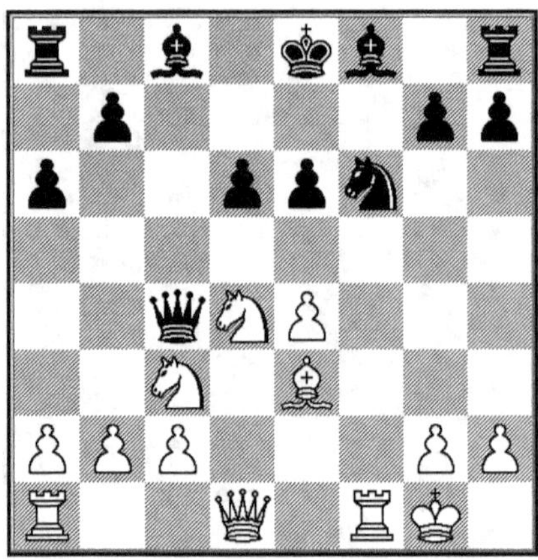

Também aqui as pretas ficaram para trás no desenvolvimento e um campeão mundial exibe sua técnica de agressão.

30 - Jogam as brancas ★ ★ ★

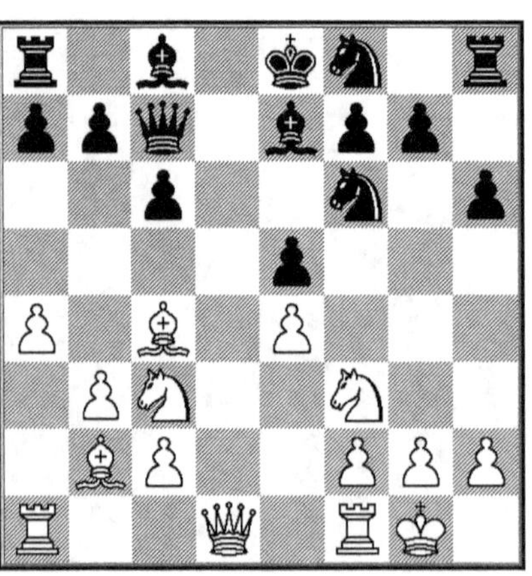

Seu desafio aqui é descobrir uma boa combinação, com base no atraso de desenvolvimento des pretas.

32 - Jogam as brancas ★ ★ ★

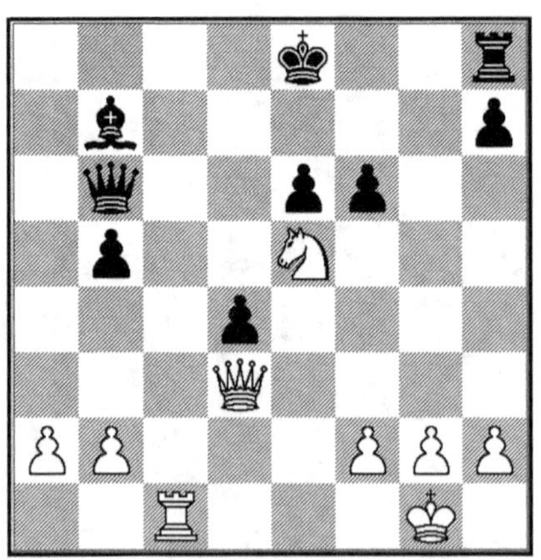

As pretas parecem estar a um passo da felicidade (o roque!), mas os seus desejos e a realidade não combinam.

2 - Sacrifícios de peças menores

33 - Jogam as brancas 

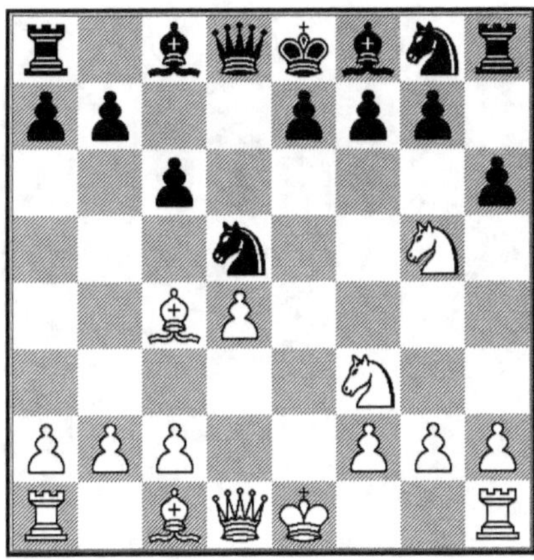

Por que o último lance das pretas (7...h6) nesta posição da Defesa Caro-Kann foi um erro?

35 - Jogam as brancas 

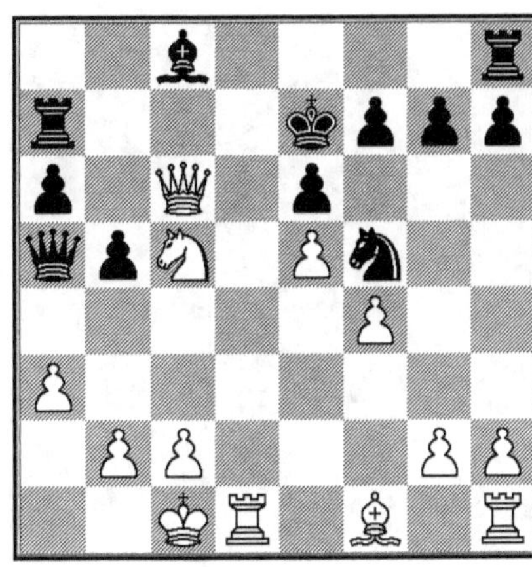

Às vezes, como neste caso, uma peça sua interfere no ataque. Como você continuaria?

34 - Jogam as brancas 

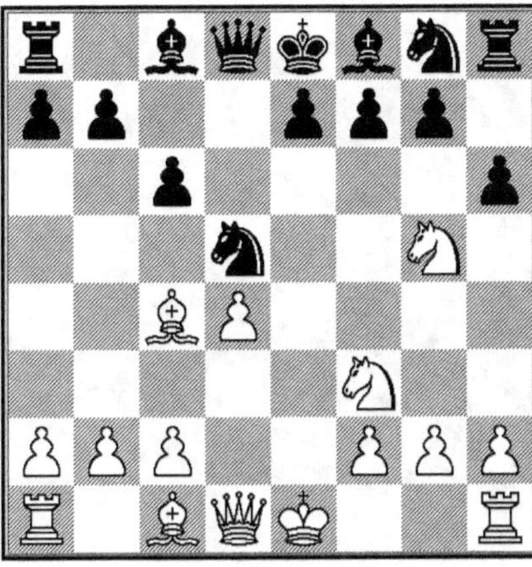

Como o último lance das pretas (5...h7) é refutado, nesta posição da Defesa Pirc-Ufimtsev?

36 - Jogam as brancas 

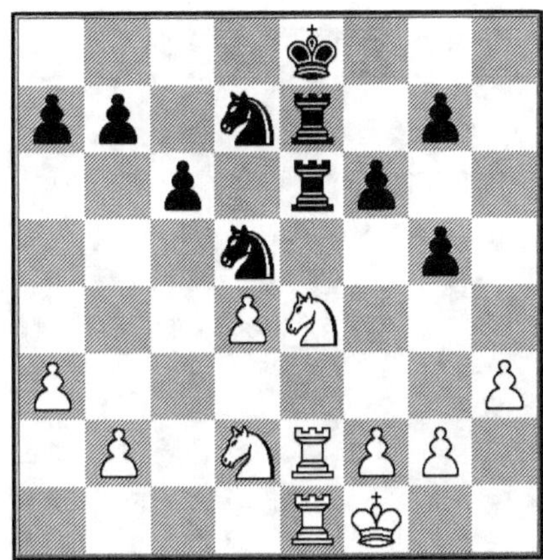

Nesta posição quase simétrica, a geometria é tudo. Tire conclusões e ... ganhe casas!

2 - Sacrifícios de peças menores

37 - Jogam as brancas ★ ★

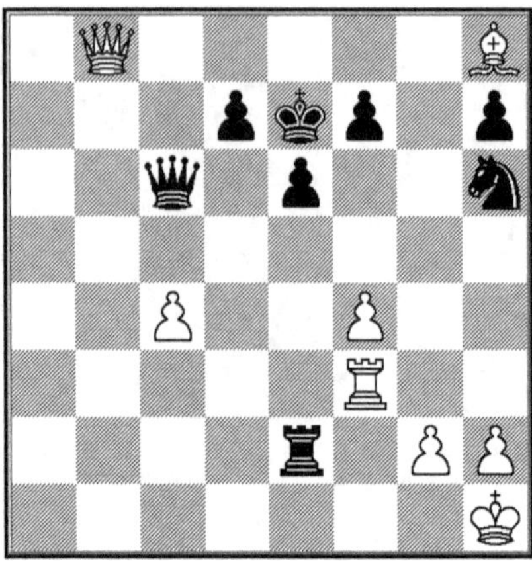

As peças pretas não são exatamente coordenadas e as brancas podem terminar a luta imediatamente. Como?

39 - Jogam as brancas ★ ★

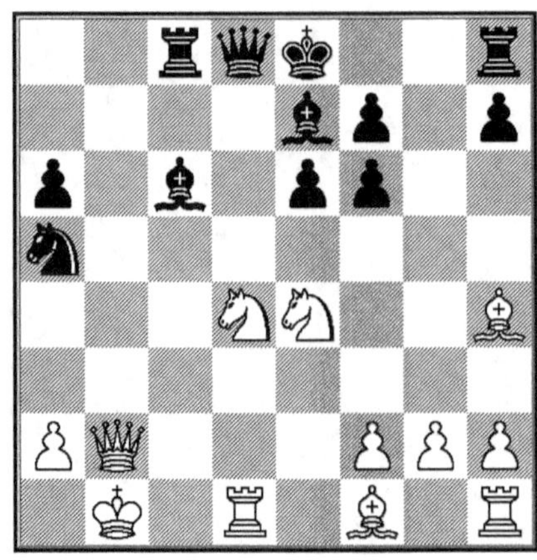

Rainha e rei na mesma fileira aberta... Mesmo com esse problema, a posição das brancas é vencedora.

38 - Jogam as brancas ★ ★

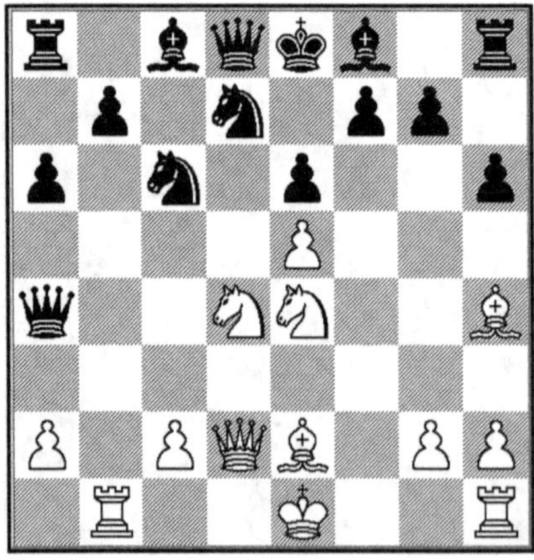

Espetacular escorregada do Grande Mestre mais rápido da modalidade Copa do Mundo. O que você acha?

40 - Jogam as brancas ★ ★

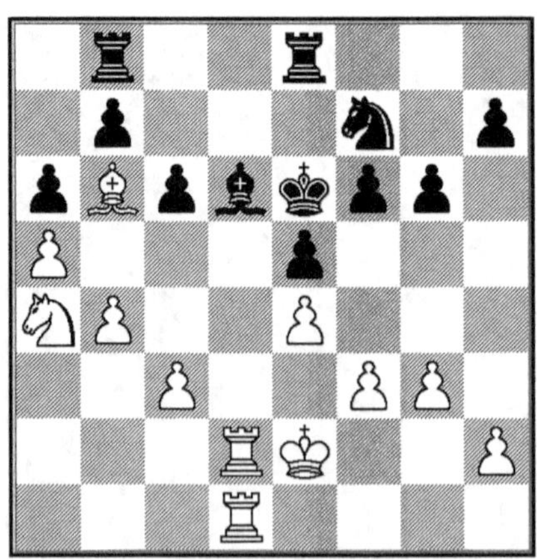

É possível penetrar no campo das pretas? O domínio espacial e a única coluna aberta sugerem isso.

2 - Sacrifícios de peças menores

41 - Jogam as brancas ★★

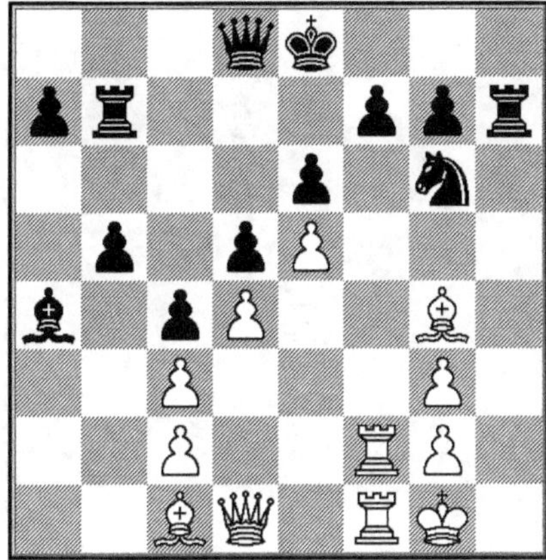

As pretas reforçaram a casa mais sensível na sua posição. Mas existem outros pontos delicados ...

43 - Jogam as brancas ★★

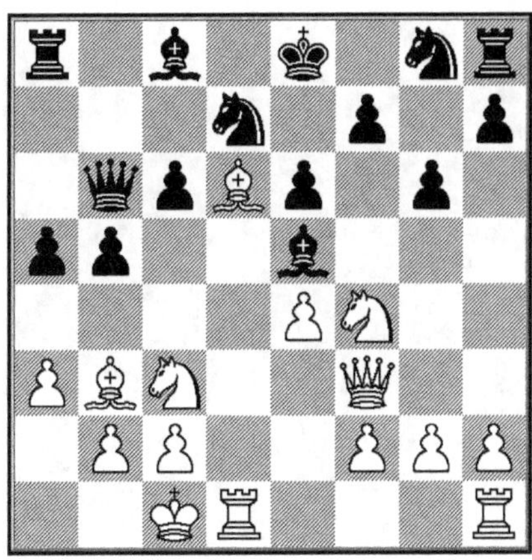

Um caso parecido com o anterior, um pouco mais oculto. Uma obra diferente com os mesmos atores.

42 - Jogam as brancas ★★

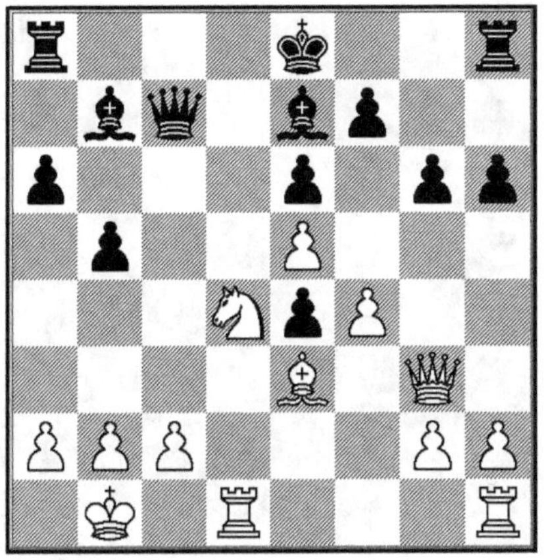

Não se deve permitir que o rei das pretas roque e, para isso, deve-se tramar bem e com energia.

44 - Jogam as brancas ★★

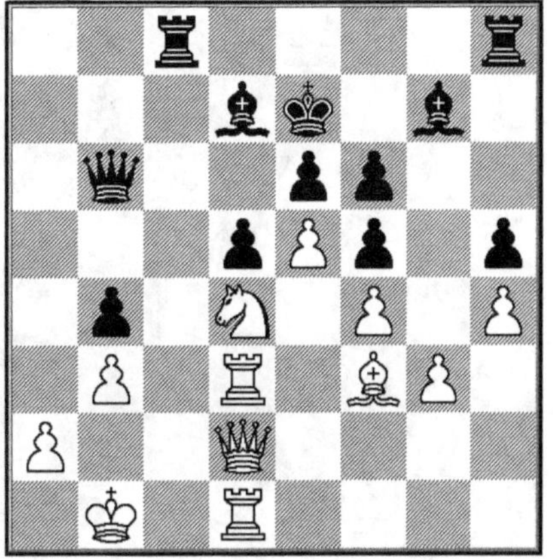

Outra posição siciliana residual, em que as peças maiores triplicadas são mais importantes do que parecem.

2 - Sacrifícios de peças menores

45 - Jogam as brancas ★★

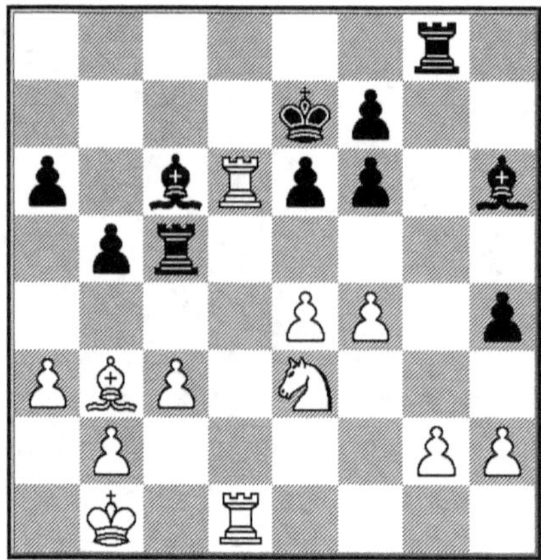

As pretas parecem ter coberto todas as casas de invasão e até planejam recuperar seu peão em f4. Pura ilusão.

47 - Jogam as brancas ★★

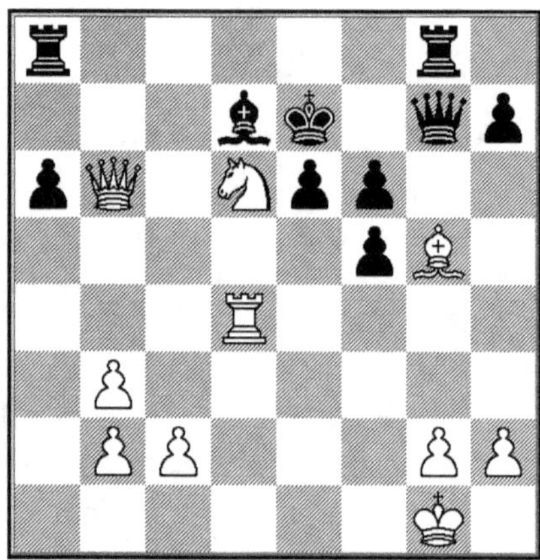

O bispo não pode recuar, devido ao mate em g2. Como as brancas resolvem esse pequeno inconveniente?

46 - Jogam as pretas ★★

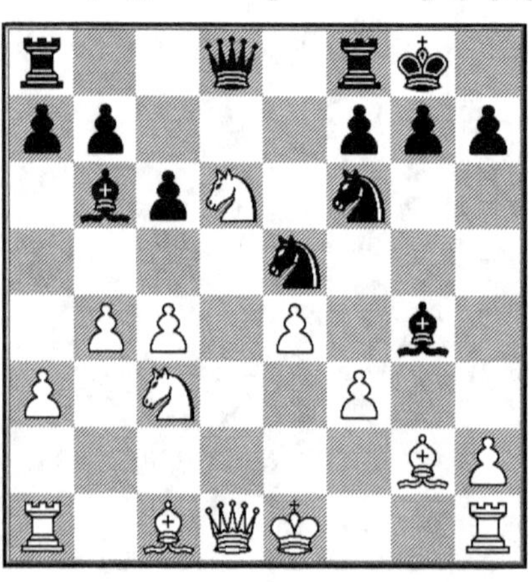

É possível que as pretas possam combinar nesta posição, com um cavalo branco em d6? Bem, o cavalo está indefeso.

48 - Jogam as brancas ★★

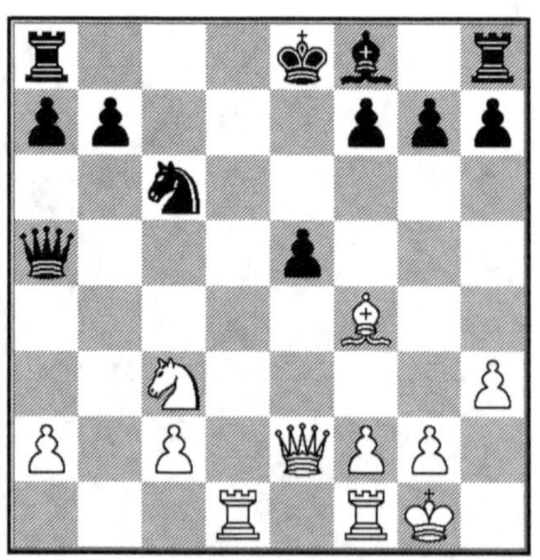

Sem dúvida as brancas devem ter a posição vencedora. Mas resta colocar o fecho, a cuidar dos detalhes.

2 - Sacrifícios de peças menores

49 - Jogam as brancas 

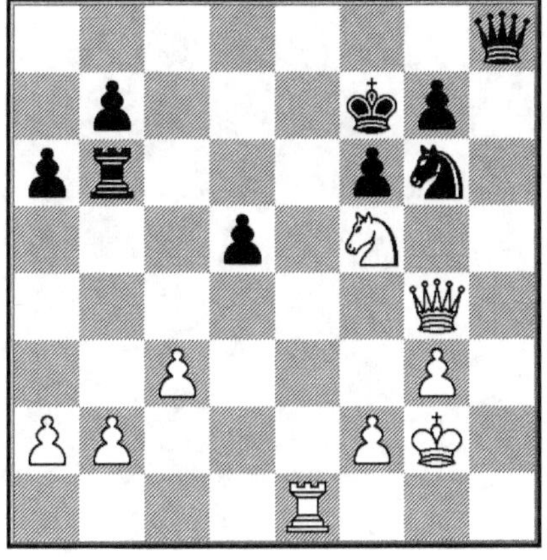

No final do meio-jogo, as brancas têm uma coordenação de peças melhor e mais agressiva.

51 - Jogam as pretas 

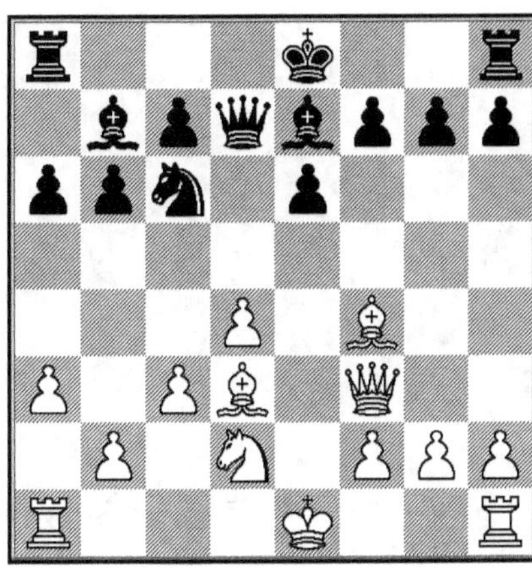

A posição das brancas parece compacta, com boa estrutura e peças bem distribuídas, mas tem um ponto fraco.

50 - Jogam as brancas 

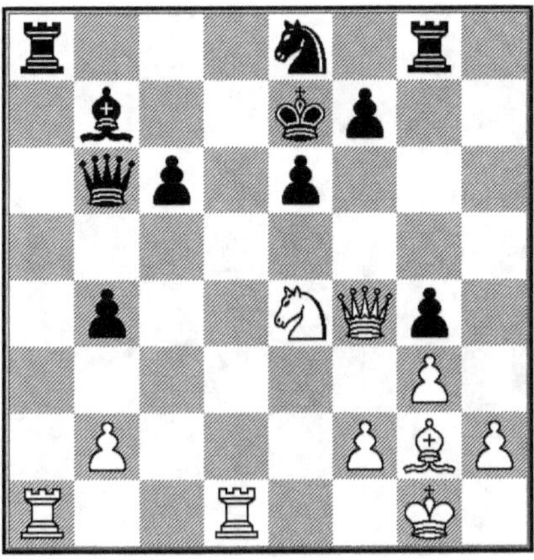

Outro caso de meio-jogo avançado, no qual as pretas levaram a pior. O que você faria?

52 - Jogam as pretas 

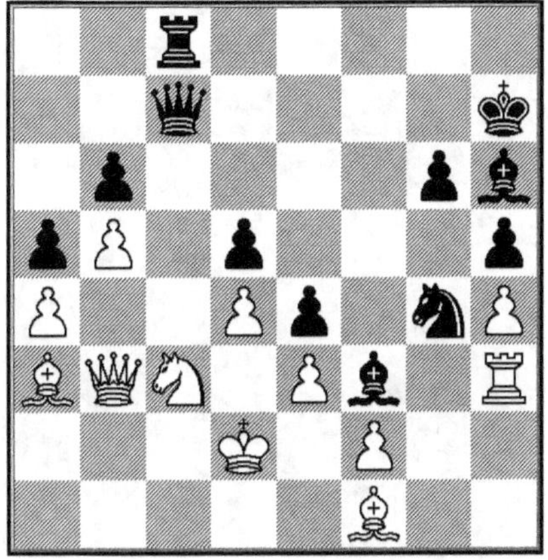

Neste jogo, um craque soviético é surpreendido por seu colega britânico no Mundial de Estudantes. O que você vê?

2 - Sacrifícios de peças menores

53 - Jogam as brancas ★ ★

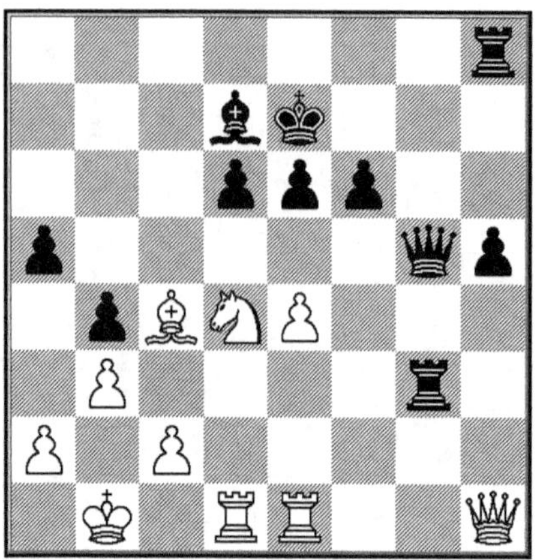

O prodígio Karjakin mostra sua destreza tática neste jogo de Blitz. Tente emular isso.

55 - Jogam as brancas ★ ★

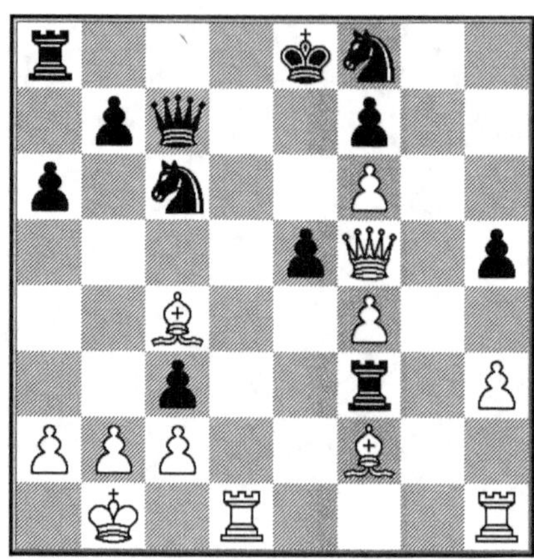

As pretas devolveram uma peça em f5, contando com seu último movimento defensivo (20...♖f3), mas sua posição não se mantém.

54 - Jogam as brancas ★ ★

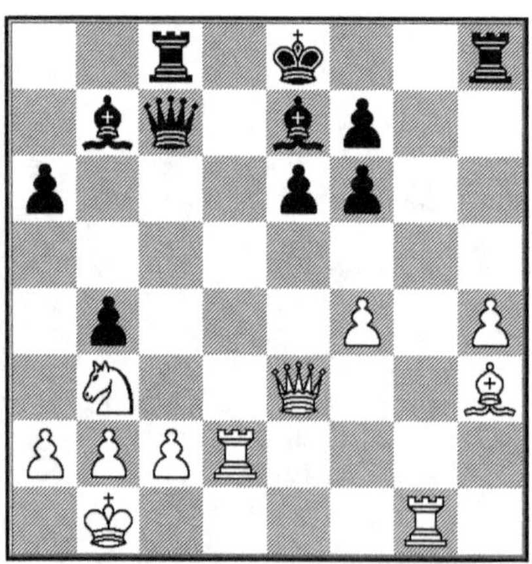

Aqui estão dois (então) jovens monstros em ação. Como abrir a lata das pretas?

56 - Jogam as pretas ★ ★

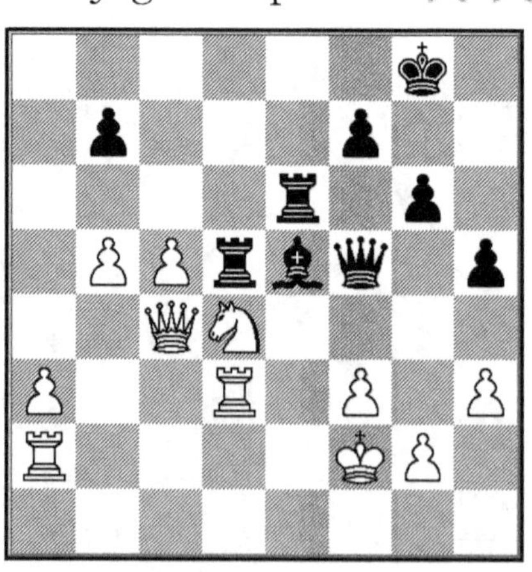

A troca ...♗×d4, ♖×d4,...♖×c5 não é clara. Por outro lado, a maioria das brancas na ala da dama é preocupante. Tome uma atitude.

2 - Sacrifícios de peças menores

57 - Jogam as brancas ★★

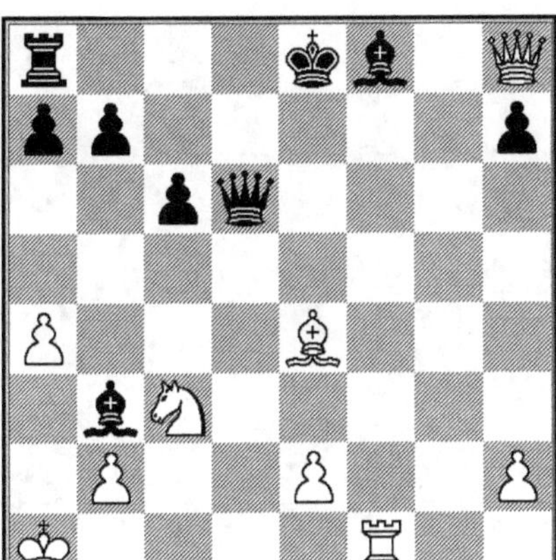

Uma vez que as pretas podem rocar grande, as ações das brancas (com sua dama já infiltrada) devem ser agudas.

59 - Jogam as brancas ★★

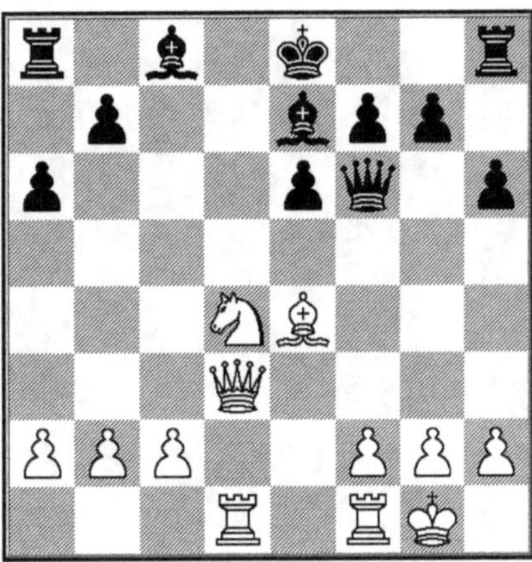

As brancas podem obter uma vantagem clara, embora com a melhor defesa, não haja um ataque propriamente dito. Como?

58 - Jogam as brancas ★★

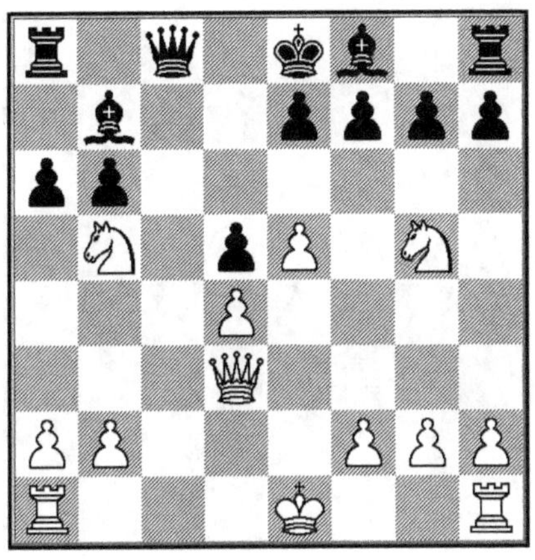

Um golpe de mão não parece possível aqui, mas as brancas têm espaço e peças ativas...

60 - Jogam as brancas ★★

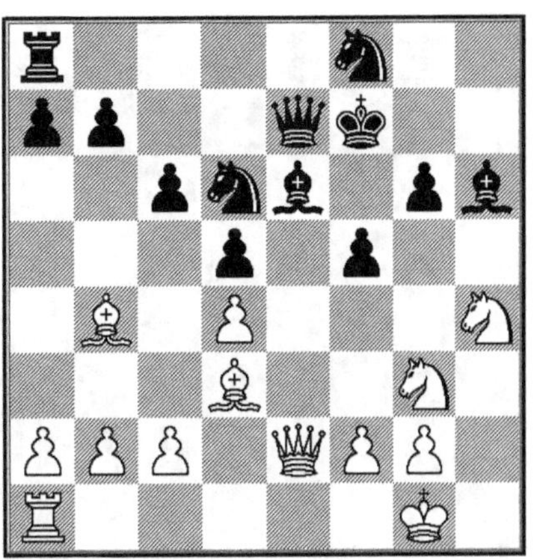

O rei das pretas parece estar bem amparado por suas peças, mas há detalhes como o cavalo cravado e outras peças passivas...

2 - Sacrifícios de peças menores

61 - Jogam as brancas ★ ★

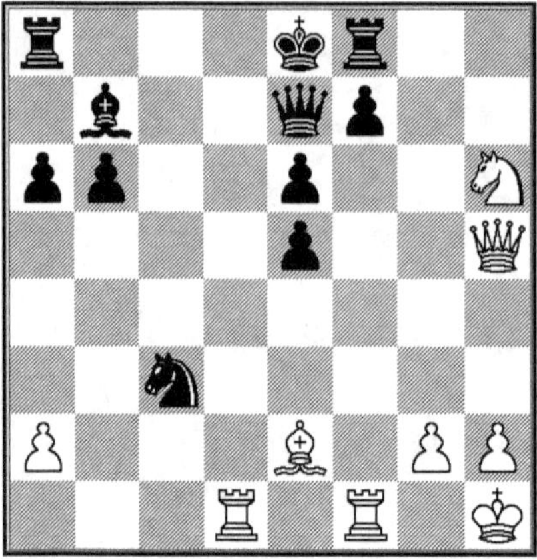

No tabuleiro existem vestígios de uma batalha sangrenta. As pretas podem se salvar?

63 - Jogam as brancas ★ ★

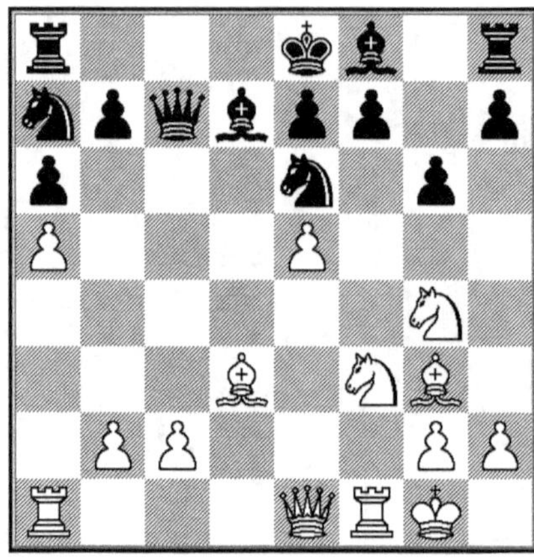

A posição está prestes a explodir. Você só precisa encontrar o gatilho.

62 - Jogam as brancas ★ ★

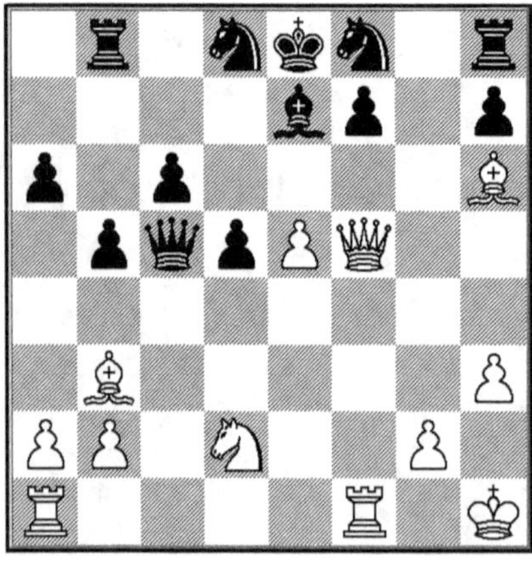

Um futuro campeão mundial tem a batuta aqui. Como as brancas podem continuar seu ataque?

64 - Jogam as brancas ★ ★

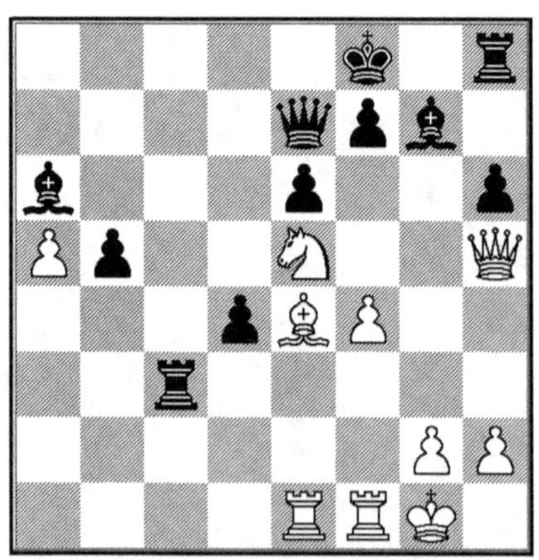

Captar as possibilidades táticas de uma posição (e antecipá-las) é uma marca registrada dos grandes jogadores.

2 - Sacrifícios de peças menores

65 - Jogam as brancas 

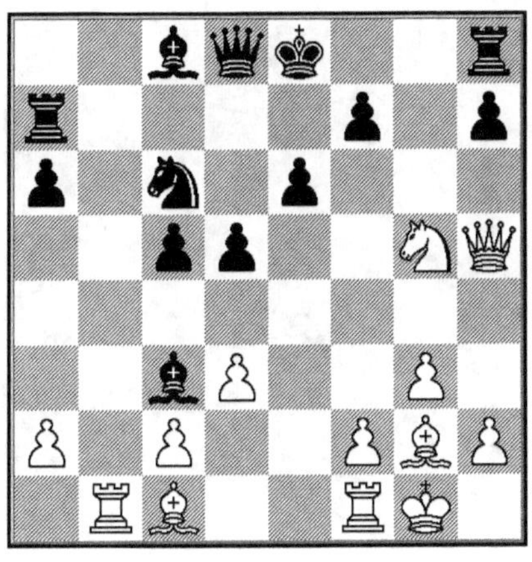

A posição das brancas é muito boa, mas nada aconteceu ainda. Como imprimir ritmo à iniciativa?

67 - Jogam as brancas 

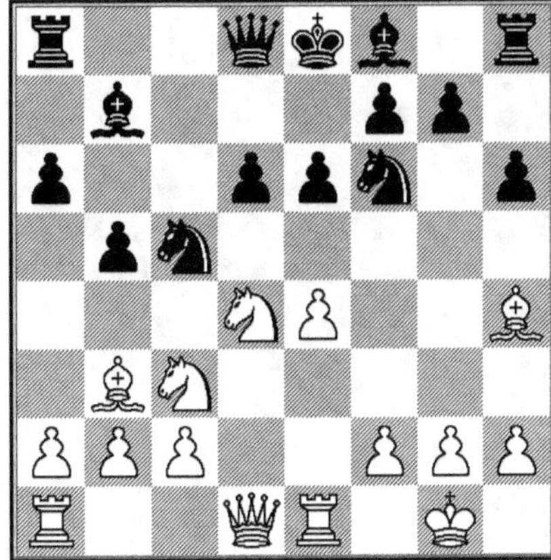

Com suas peças mais ativas, as pretas dispõem de uma sequência eficaz de agressão contra o rei das brancas.

66 - Jogam as pretas ★ ★ ★

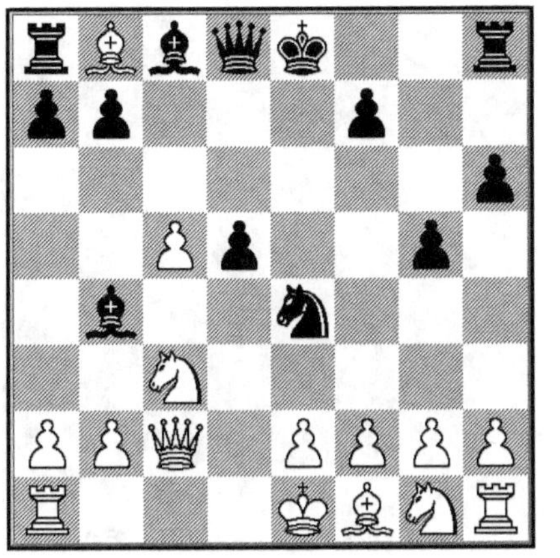

Esta posição se produziu em uma explosiva partida de Fischer. Se isso lhe diz algo...

68 - Jogam as brancas ★ ★ ★

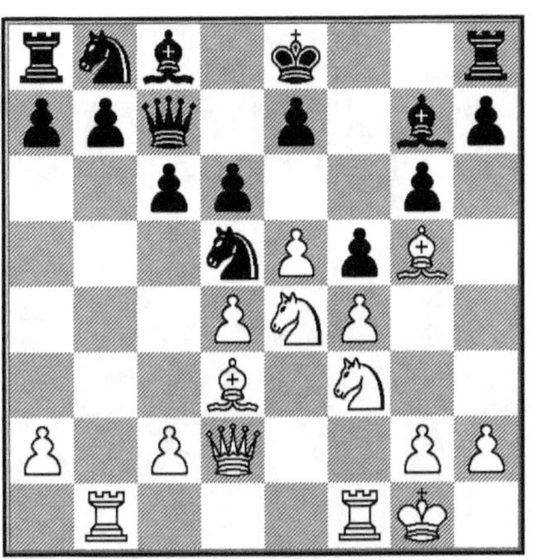

Alexei Dreev inicia aqui uma combinação complexa que será um verdadeiro desafio para você (e para qualquer pessoa!).

3 - Sacrifícios de peças maiores

69 - Jogam as brancas 

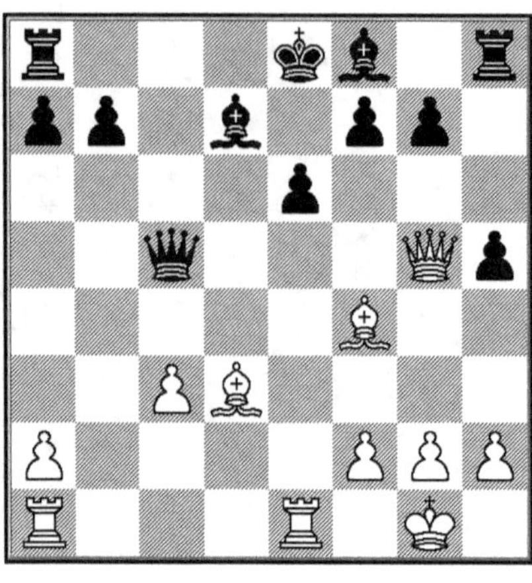

Um rei perigosamente "centralizado" dá lugar a um ataque decisivo. O comando é seu.

71 - Jogam as brancas 

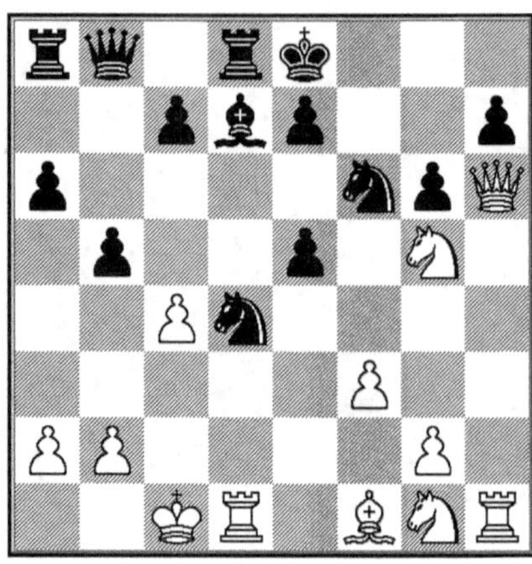

Observe dois detalhes: a coluna h e o bispo preto em d7, e atue de acordo.

70 - Jogam as brancas 

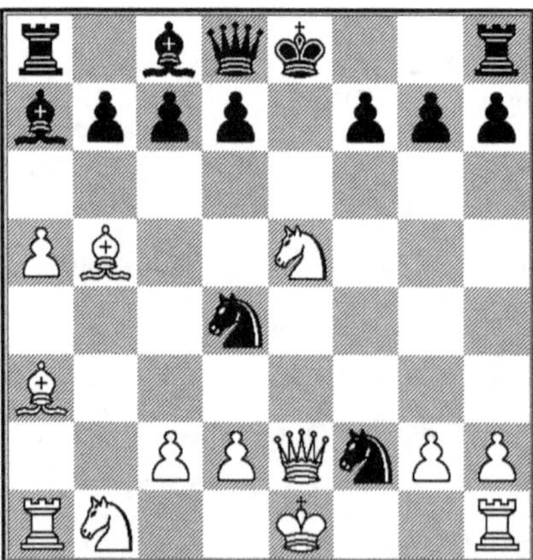

Você tem muitas peças ameaçadas, mas seu adversário tem seu rei ameaçado! Que joga?

72 - Jogam as brancas 

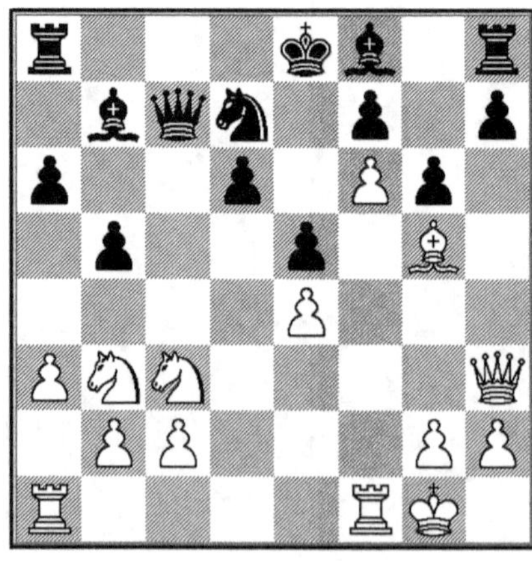

O peão f6 congestiona a posição das pretas, que aspiram rocar no próximo lance de qualquer maneira.

3 - Sacrifícios de peças maiores

73 - Jogam as brancas ★★

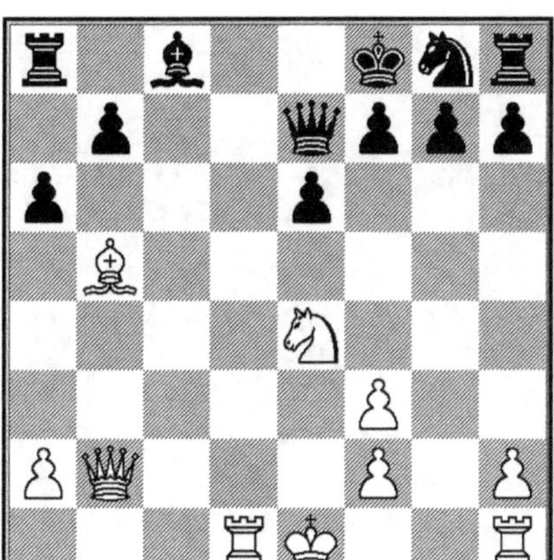

As brancas não têm muitos argumentos, mas quais têm as pretas para resistir?

75 - Jogam as brancas ★★

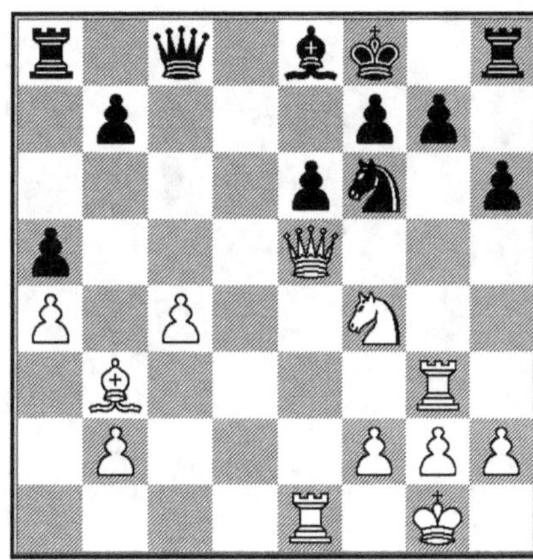

As peças brancas ocupam excelentes posições de ataque, enquanto as torres pretas ainda não entraram em jogo.

74 - Jogam as brancas ★★

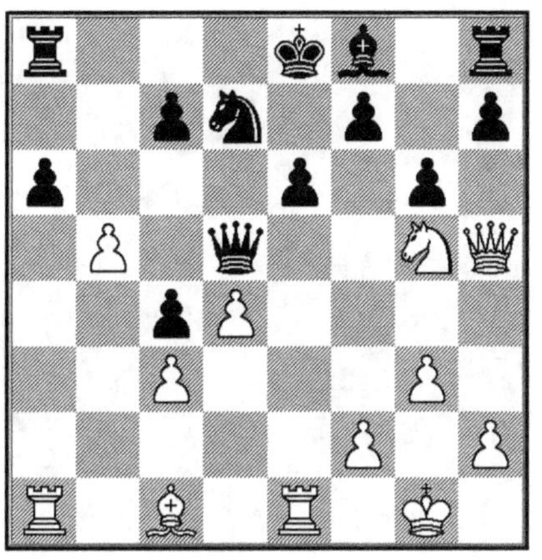

É possível que as brancas possam inclinar esta posição a seu favor, com a dama e o peão b5 atacados?

76 - Jogam as brancas ★★

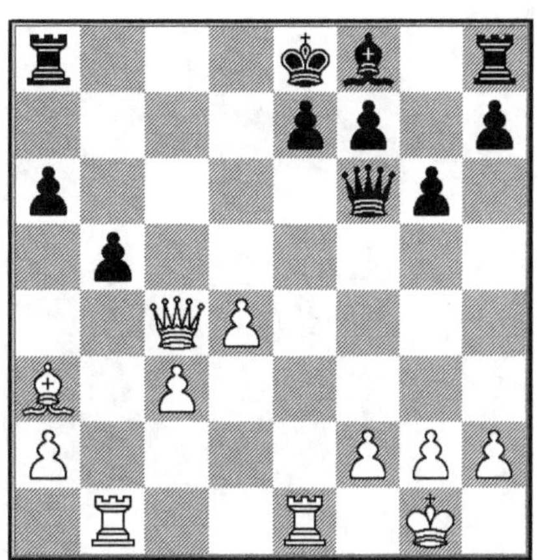

Mais uma vez, o fato das peças pretas ainda não terem sido colocadas em jogo é decisivo. Como resolver?

3 - Sacrifícios de peças maiores

77 - Jogam as brancas ★ ★

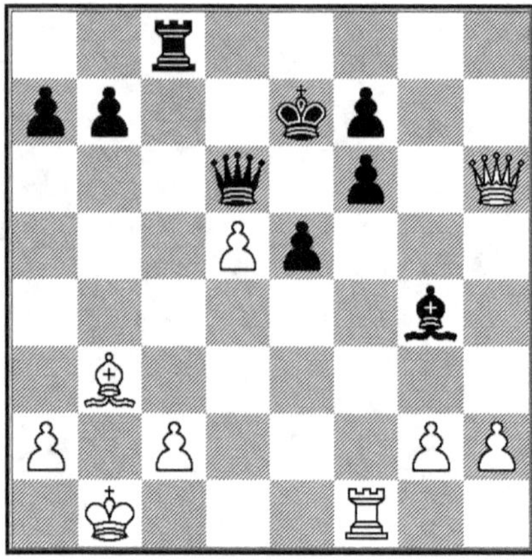

Uma peça indefesa (como o bispo em g4) é sempre uma peça problemática. Como exploraria esse fator?

79 - Jogam as pretas ★ ★

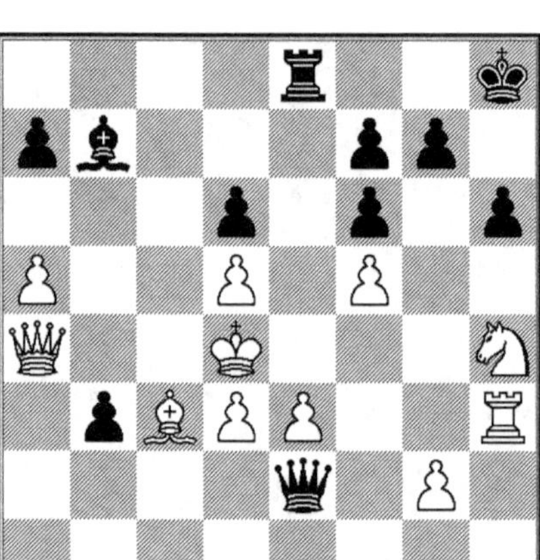

O rei das brancas não poderia estar mais "centralizado!" Mas isso, é claro, é uma séria desvantagem no meio jogo.

78 - Jogam as brancas ★ ★

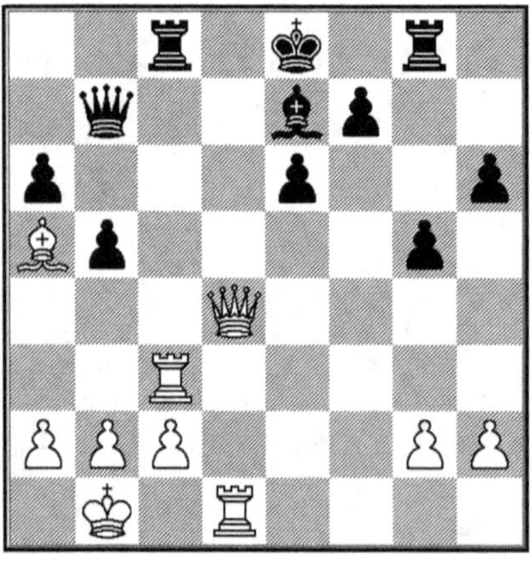

Todas as peças brancas ocupam posições excelentes, enquanto as pretas estão passivas, com seu rei no centro.

80 - Jogam as brancas ★ ★

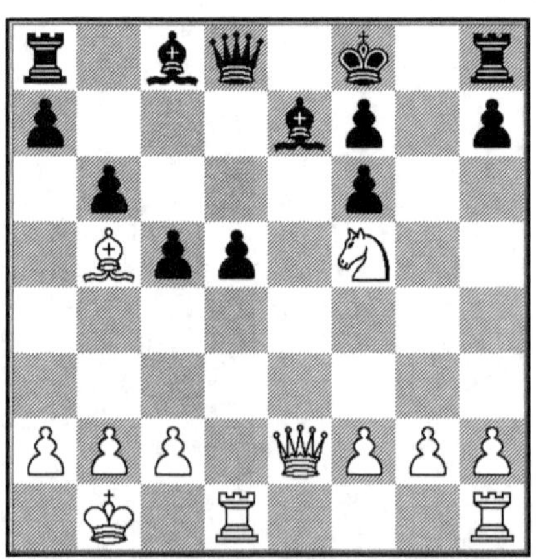

Uma daquelas posições com o cavalo ideal (em f5), segundo Kasparov, mesmo que seja atacado. O que lhe ocorre?

3 - Sacrifícios de peças maiores

81 - Jogam as brancas ★★

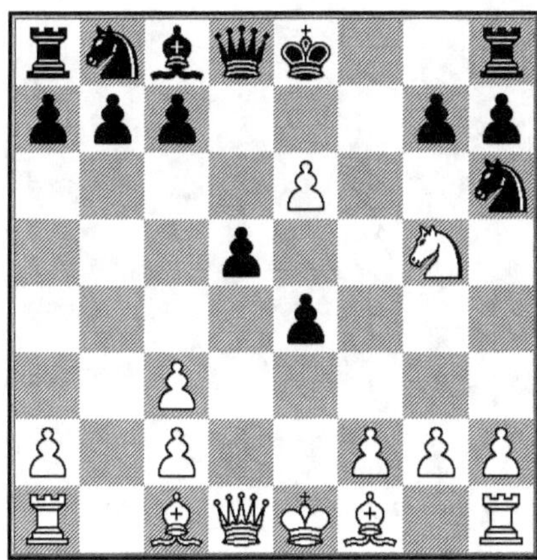

As pretas planejam rocar e desfrutar do seu centro forte. Mas primeiro as brancas jogam!

83 - Jogam as brancas ★★

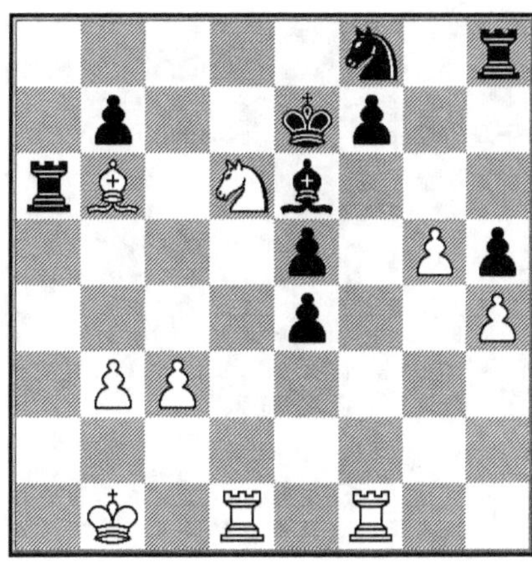

Tão exposto está o rei das pretas que se encontra em uma rede de mate. Seria capaz de descobri-lo?

82 - Jogam as brancas ★★

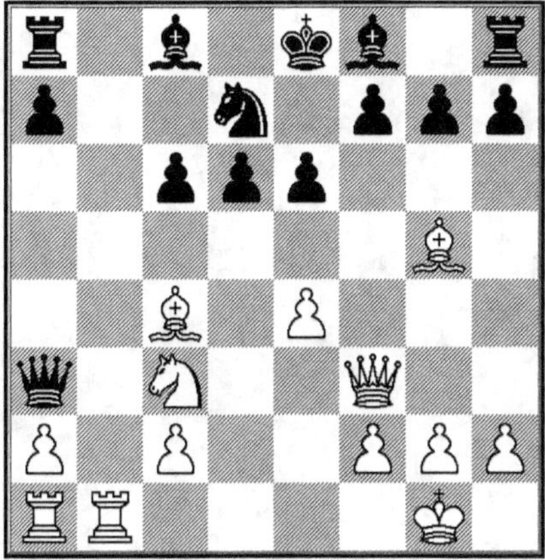

Uma posição siciliana explosiva, beira a redundância. Como você jogaria?

84 - Jogam as brancas ★★

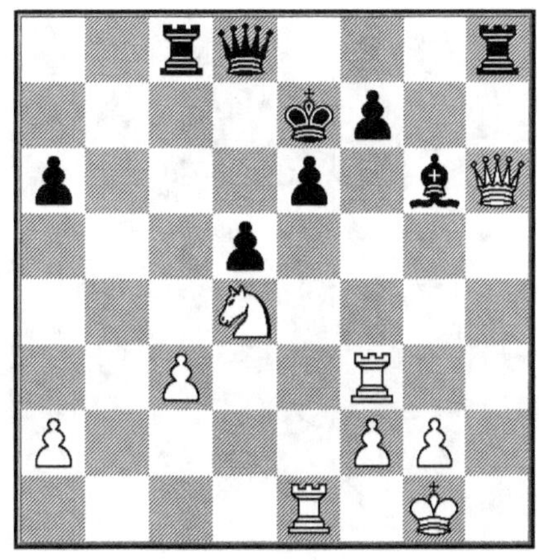

A posição das pretas está pendurada por um fio. Acabe com esse fio!

3 - Sacrifícios de peças maiores

85 - Jogam as brancas ★★

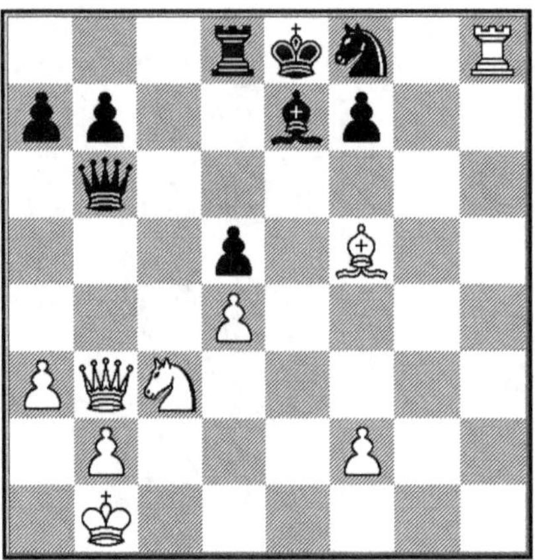

Domínio territorial e as cravadas significam alguma coisa no xadrez? Algo precisa acontecer! Conte-nos!

87 - Jogam as brancas ★★

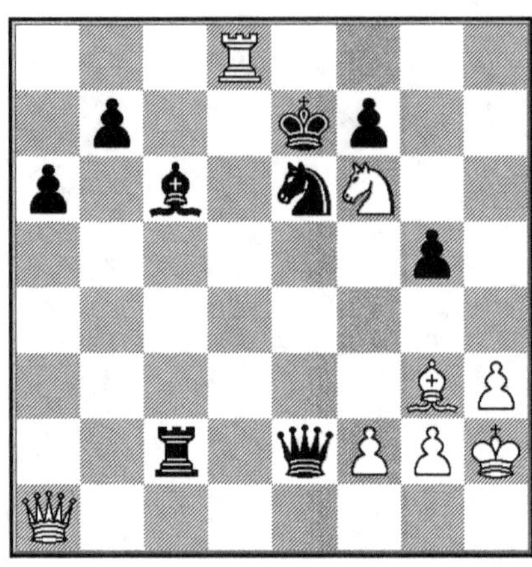

A atividade das peças pretas é inofensiva. A das brancas não, como vai mostrar Anatoli Lutikov.

86 - Jogam as brancas ★★

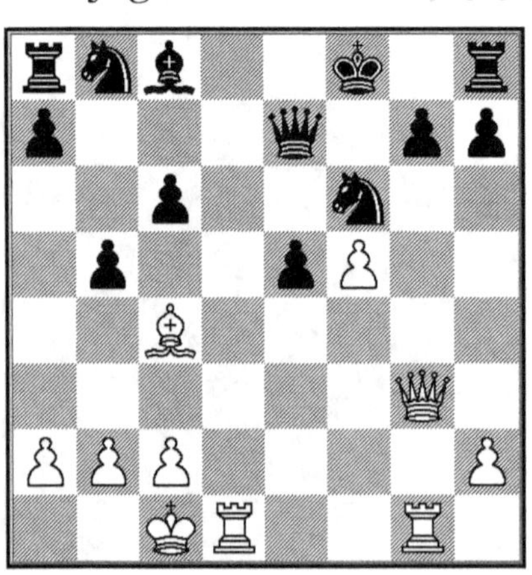

Duas peças a menos e as brancas continuam a atacar! Como ganharia esta partida?

88 - Jogam as brancas ★★

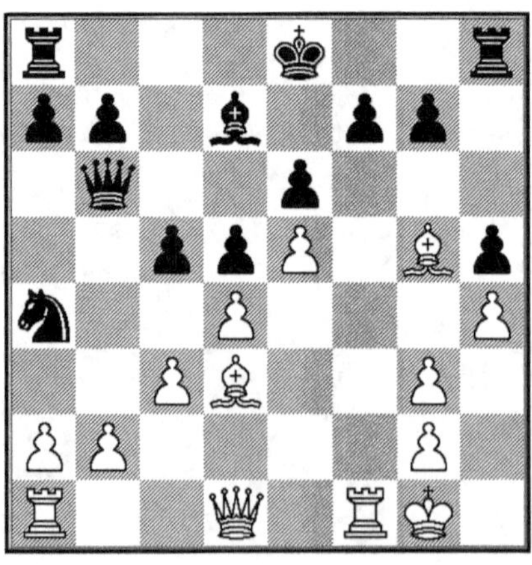

Os bispos, a coluna f e o domínio espacial das brancas significam tempos ruins para as pretas.

3 - Sacrifícios de peças maiores

89 - Jogam as brancas ★ ★

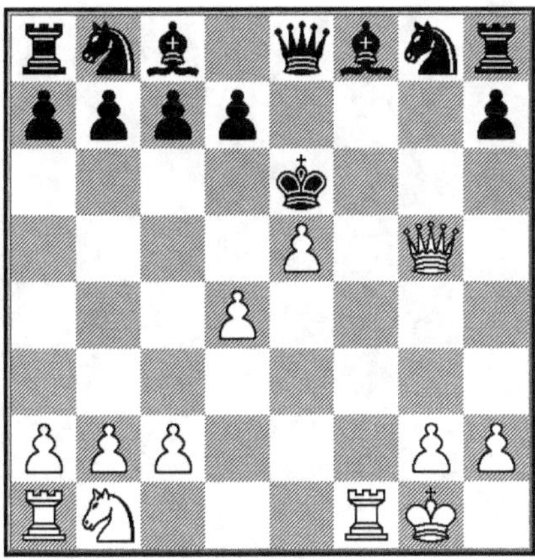

Ésta é uma posição do Gambito Lolli na qual deverá calcular até o mate.

91 - Jogam as brancas ★ ★

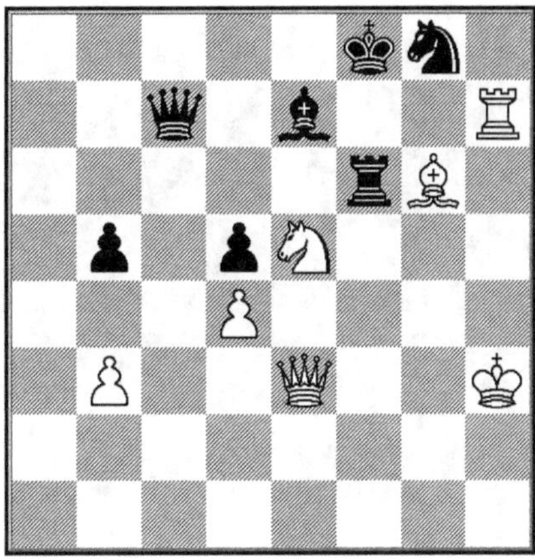

As brancas têm clara vantagem, com sua torre na sétima e peças dominantes. Você descobrirá como finalizar?

90 - Jogam as pretas ★ ★

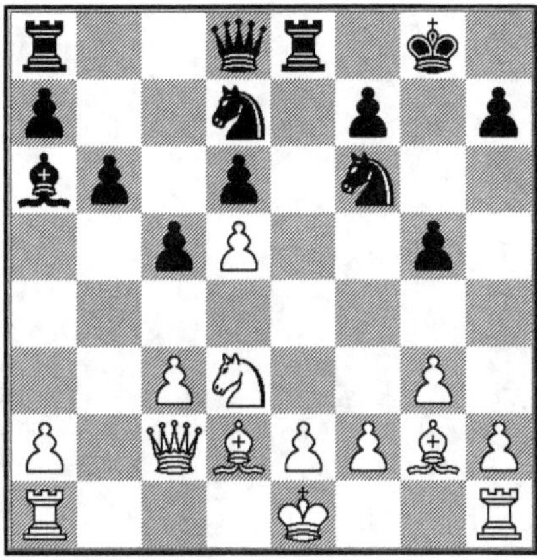

O próximo lance das brancas pode ser o roque, mas para isso ... falta todo um turno do jogo!

92 - Jogam as brancas ★ ★

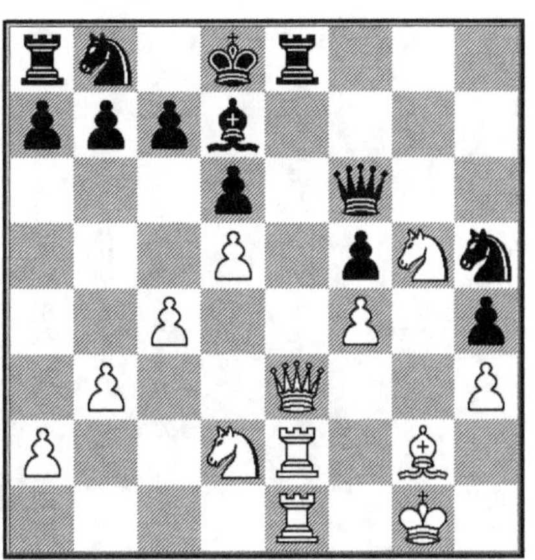

A bateria de peças pesadas na coluna e é um mau presságio, embora se as pretas trocarem uma torre ...

3 - Sacrifícios de peças maiores

93 - Jogam as pretas 

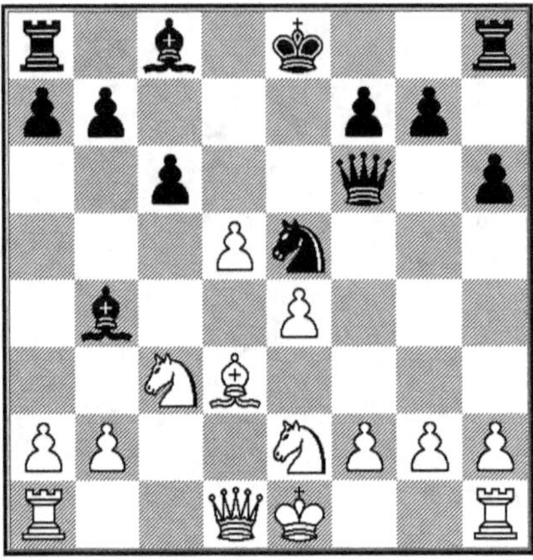

Um lance surpreendente abre, nesta posição, a caixa do trovão. Mesmo que você veja, deverá calcular bem a sequência.

95 - Jogam as brancas 

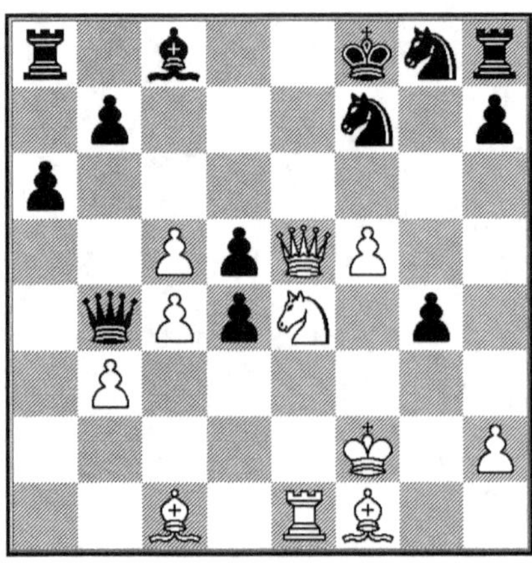

As brancas fizeram um investimento considerável de material (uma torre) para chegar a uma posição onde parece não haver nada.

94 - Jogam as pretas 

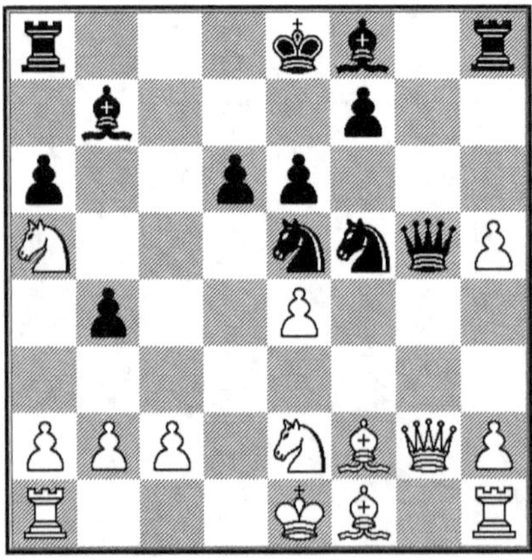

Como as pretas devem responder ao ataque ao seu bispo em b7? Faça o brilhante.

96 - Jogam as brancas 

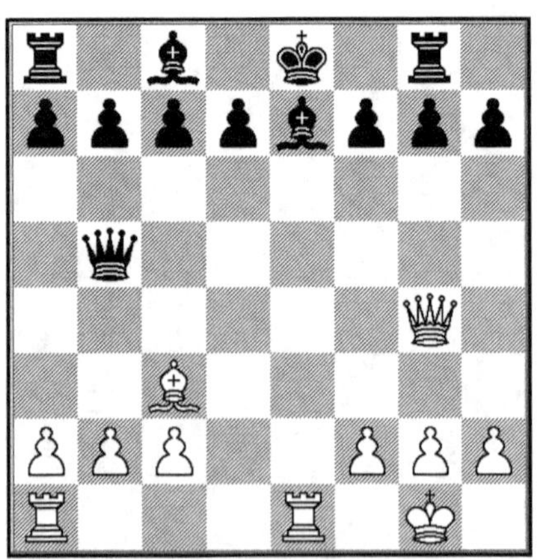

Bispo cravado e rei no centro. As pretas poderiam consolidar com ...d6, ...♗e6 e ...0-0-0. Isso é possível?

4 - Outros ataques

97 - Jogam as brancas 

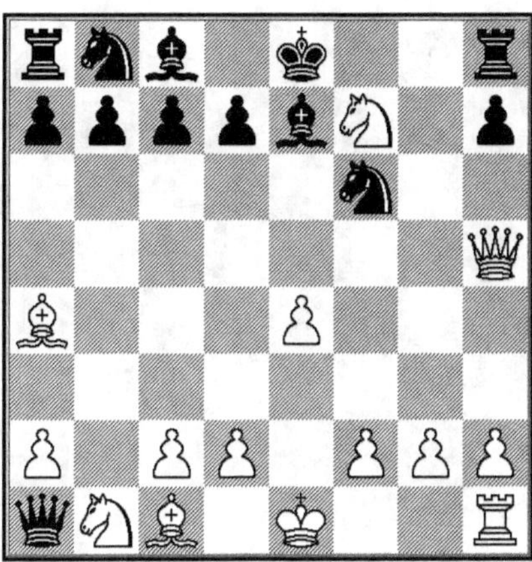

Você tem aqui um esquema típico de colaboração ideal entre as peças. O que as brancas devem jogar?

99 - Jogam as brancas 

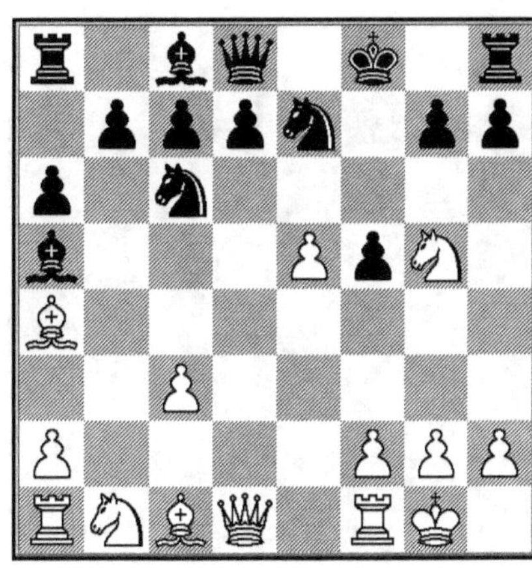

Com que sequência forçada as brancas obtêm uma vantagem decisiva?

98 - Jogam as brancas 

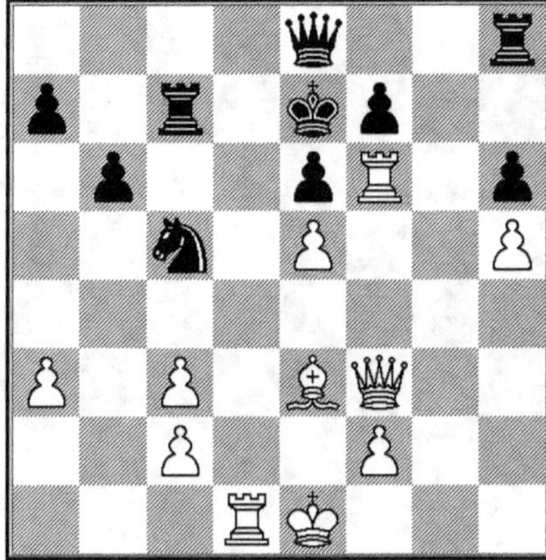

Tudo o que você precisa fazer aqui é encontrar o toque magistral delicado de Bobby Fischer.

100 - Jogam as brancas 

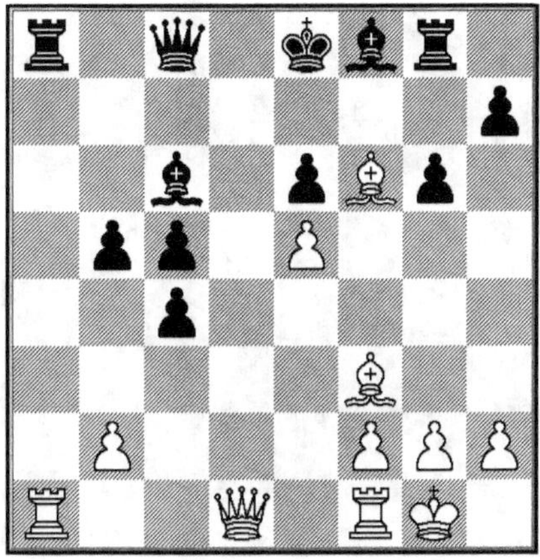

Linhas abertas e peças oblíquas. Pense, dite e resolva!

4 - Outros ataques

101 - Jogam as brancas ★★

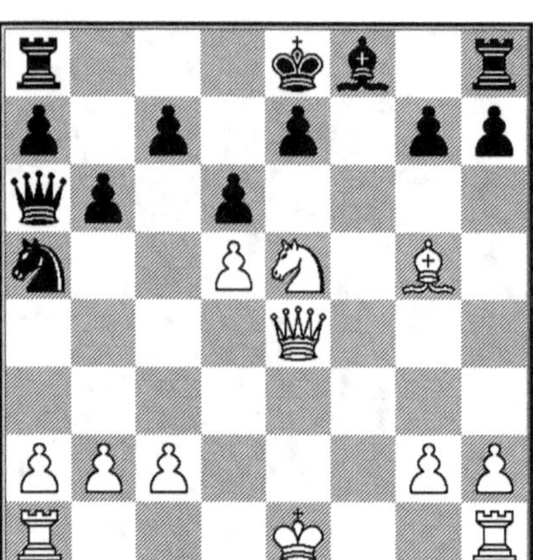

As pretas estão a um passo da felicidade, mas a felicidade nunca se alcança de todo...

103 - Jogam as brancas ★★

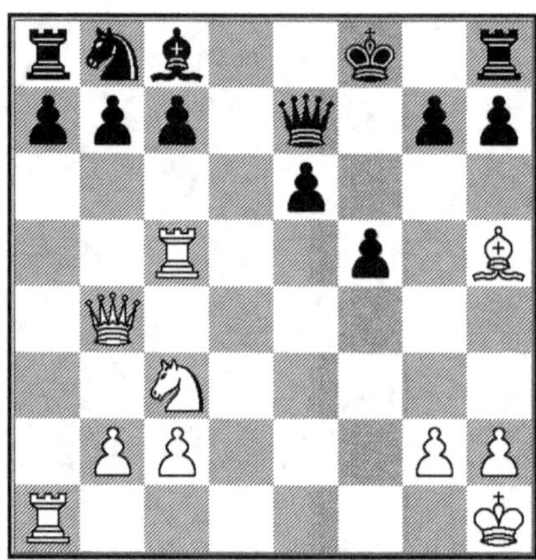

As pretas estão com três peões de vantagem, mas seu subdesenvolvimento é trágico, agravado pelo *desenroque* do rei.

102 - Jogam as brancas ★★

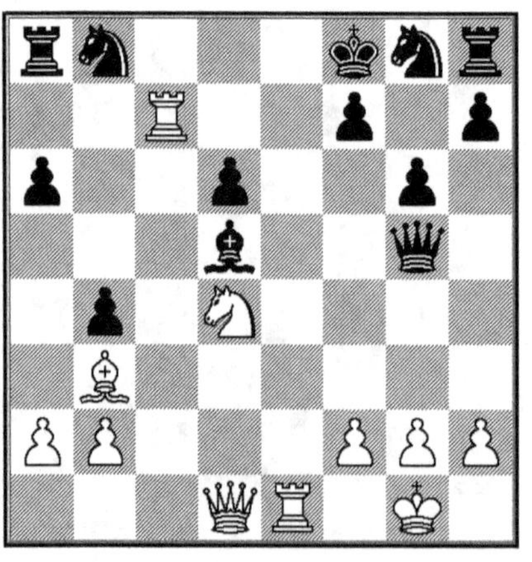

Se você se lembrar do tema da cruz, pode rá encaixar as peças...

104 - Jogam as brancas ★★

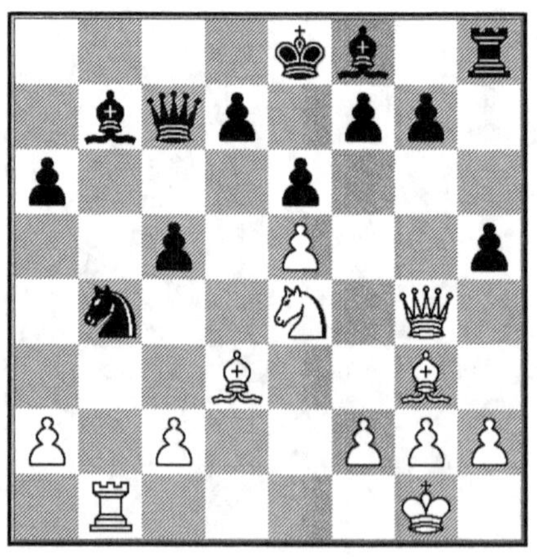

As pretas têm um peão em troca da posição dominante das brancas. Será o suficiente?

4 - Outros ataques

105 - Jogam as brancas ★★

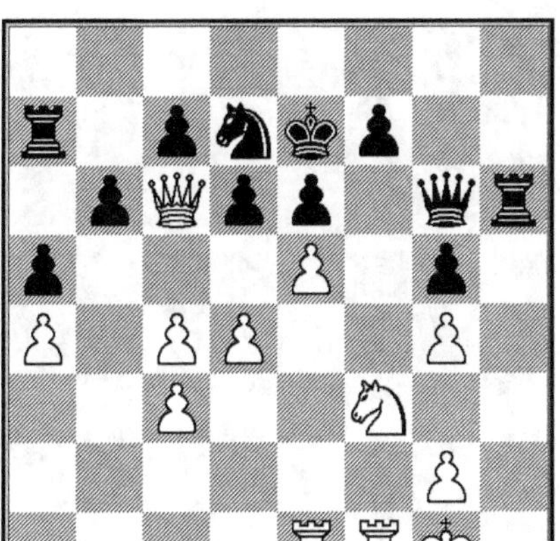

Nesta partida entre duas jovens estrelas, as brancas não escolheram a continuação de ataque correta. Mas você o fará.

107 - Jogam as brancas ★★

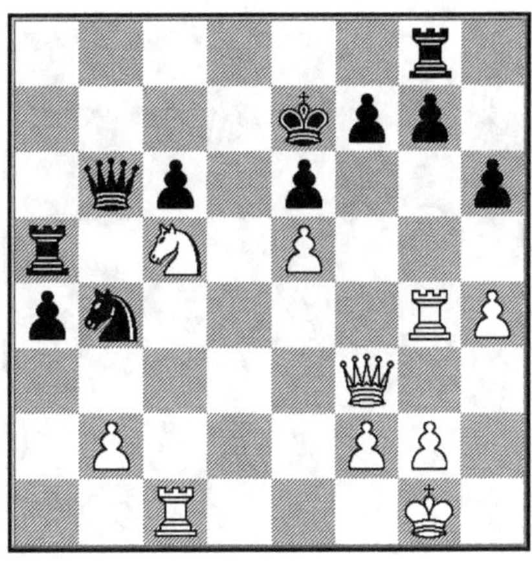

Apesar de seu peão a menos, as brancas podem rapidamente arrematar a luta. Como?

106 - Jogam as pretas ★★

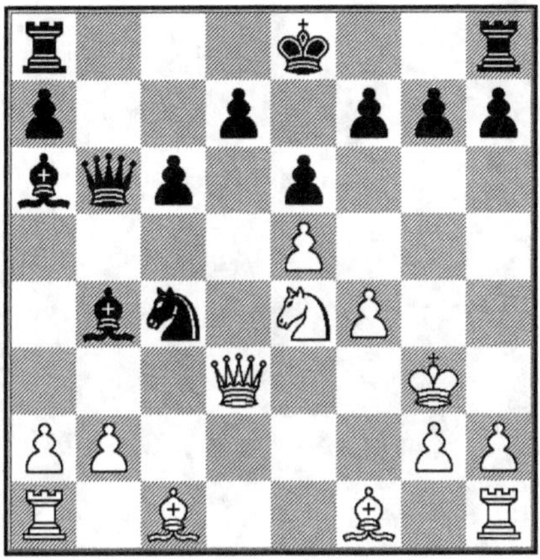

Muito orgulhoso, o rei branco saiu a passear à frente dos seus peões. Mas... tem certeza de que está seguro?

108 - Jogam as brancas ★★

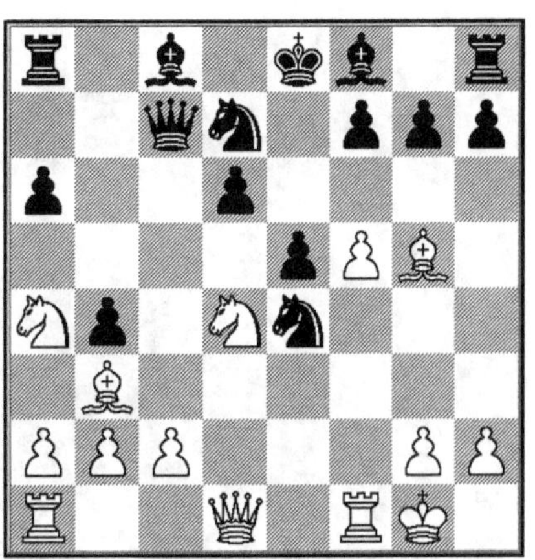

As pretas jogaram a abertura de forma imprudente (...b4, ...♞xe4) e vão receber um castigo severo. Como você vê isso?

4 - Outros ataques

109 - Jogam as brancas ★★

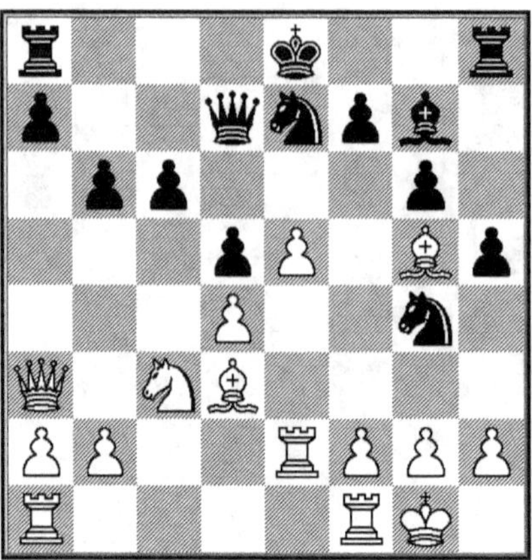

Uma posição explosiva, a sugerir ações enérgicas. Tente escolhê-las com cuidado e precisão.

110 - Jogam as brancas ★★

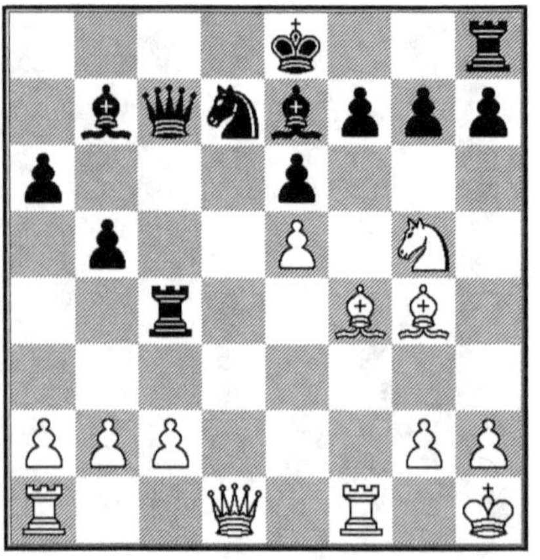

A posição das pretas parece sólida, mas o rei ainda não rocou. É hora das tropas de assalto atuarem.

111 - Jogam as brancas ★★

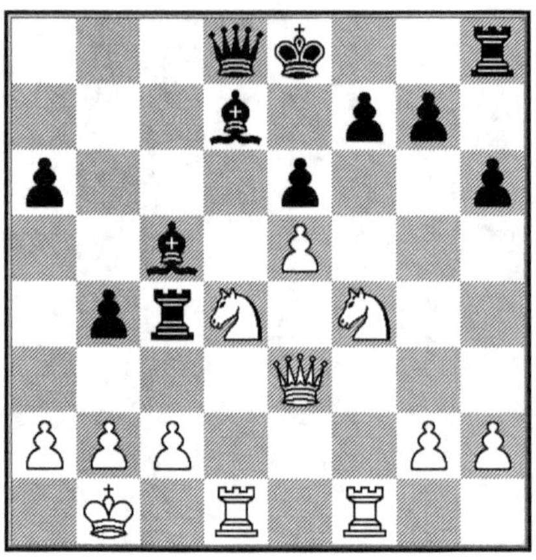

Sim, a cravada é irritante, mas as colunas **d** e **f** estão ocupadas por torres brancas. O perigo é iminente.

112 - Jogam as brancas ★★

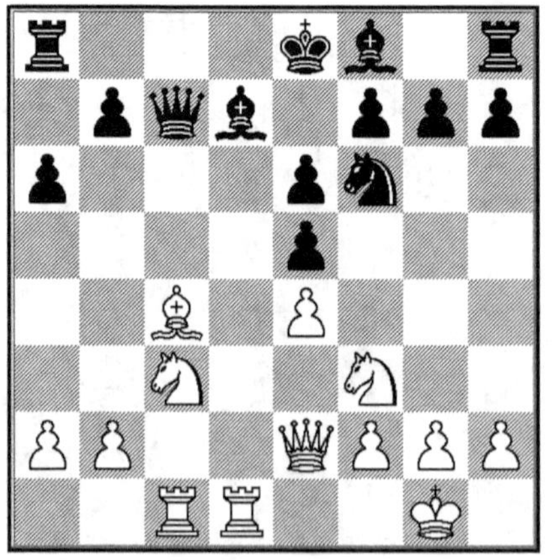

As brancas exploraram perfeitamente a posição exposta da dama e do rei das pretas. Como você faria?

4 - Outros ataques

113 - Jogam as brancas ★★

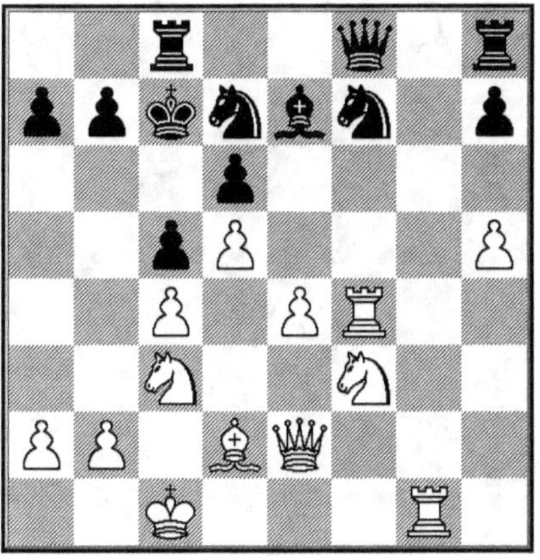

O GM cubano Jesús Nogueiras mostra a Tony Miles que também sabe combinar. Faça o mesmo.

115 - Jogam as brancas ★★

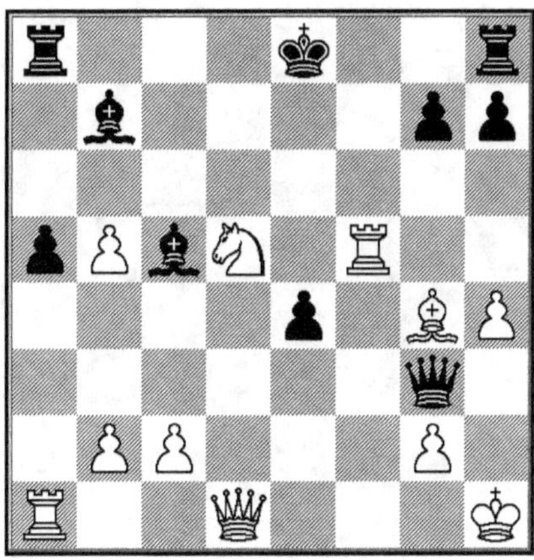

O GM Albin Planinc (brancas) foi um excelente jogador combinatório, que nos encantou com suas produções.

114 - Jogam as brancas ★★

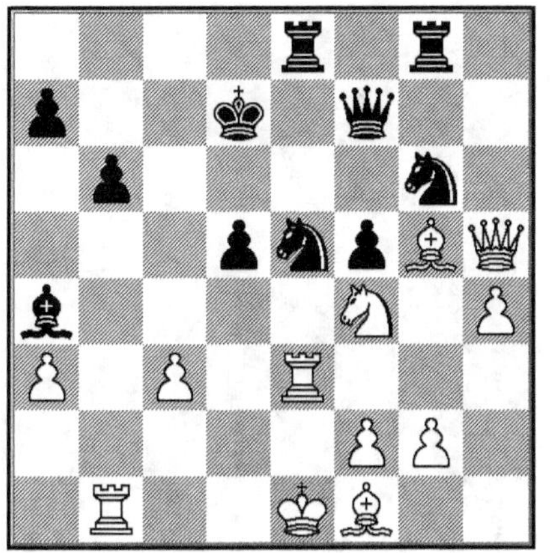

Coisa insólita, Tal opta aqui por uma continuação tranquila, mas eficaz do ataque. Tente encontrar.

116 - Jogam as brancas ★★★

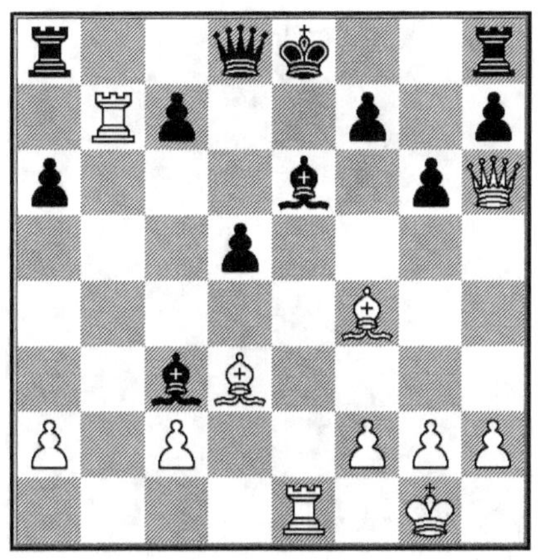

Os grandes jogadores atuais dominam toda a sorte do jogo e não costumam desperdiçar a atividade das peças.

4 - Outros ataques

117 - Jogam as brancas ★★

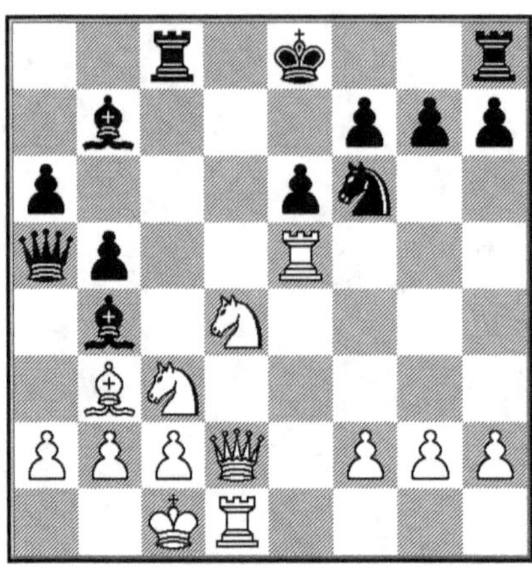

Com sua pressão em **c3**, as pretas parecem ter uma boa carta. Mas o rei delas ainda está no centro!

119 - Jogam as brancas ★★

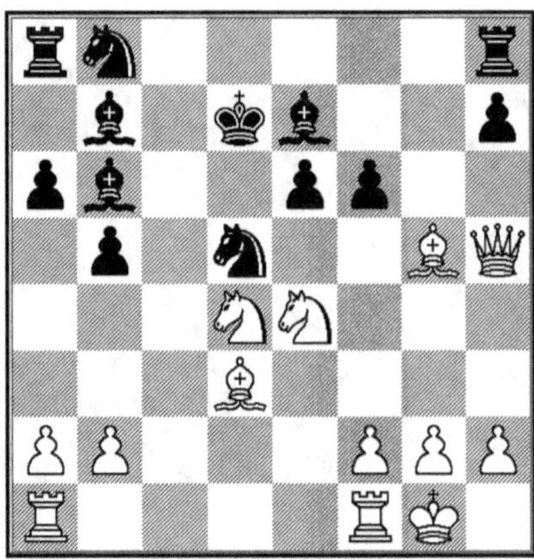

A dama e as quatro peças menores das brancas atuam. É verdade que duas delas são atacadas, mas "só podem ser tomadas uma de cada vez" (Tal).

118 - Jogam as brancas ★★

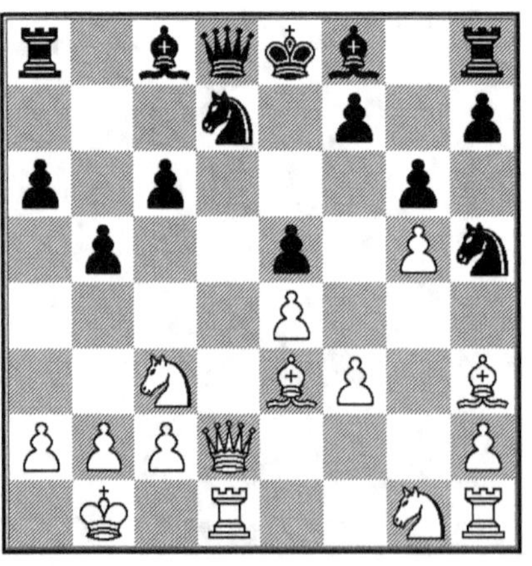

Um jogador pouco conhecido derrota aqui o GM Walter Arencibia, em toda linha. Como fez?

120 - Jogam as brancas ★★★

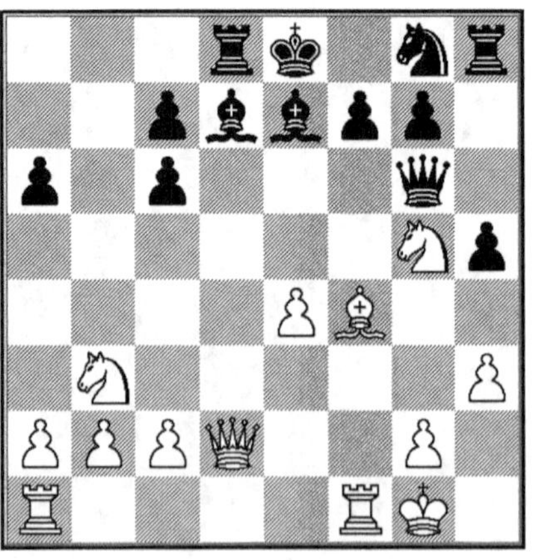

Pegue a varinha do mágico Shirov e force, com as peças brancas, uma sequência vencedora.

4 - Outros ataques

121 - Jogam as brancas ★★★

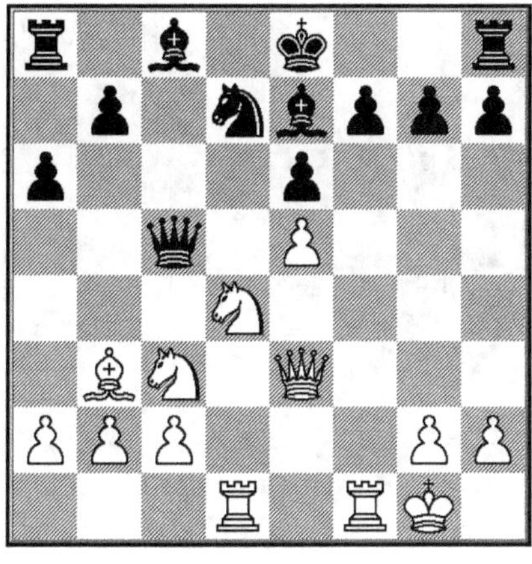

Este é um excelente exercício de destreza tática. Ligue os pontos e atue de acordo.

123 - Jogam as brancas ★★★

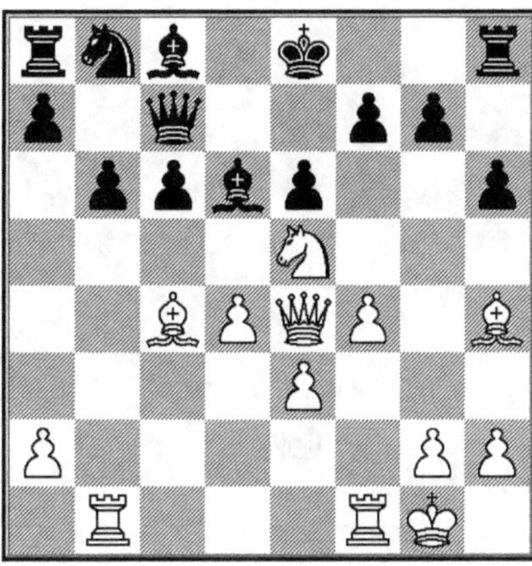

O prodígio norueguês Magnus Carlsen nos dá aqui uma lição inestimável sobre como acabar um rei no centro.

122 - Jogam as brancas ★★★

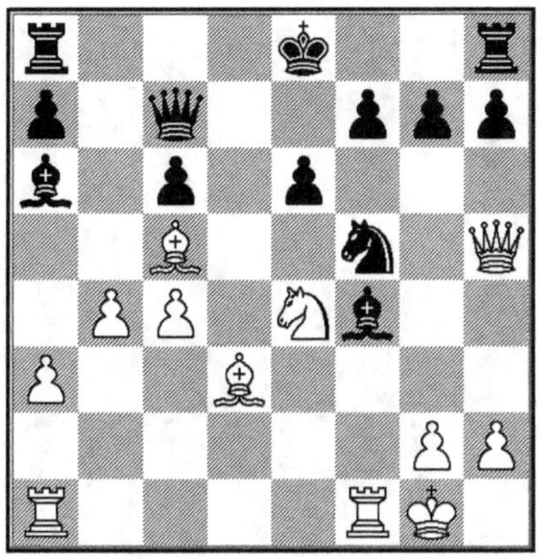

As casas na diagonal **c5–f8** são elétricas, principalmente **d6**. A questão é como explorá-las.

124 - Jogam as brancas ★★★

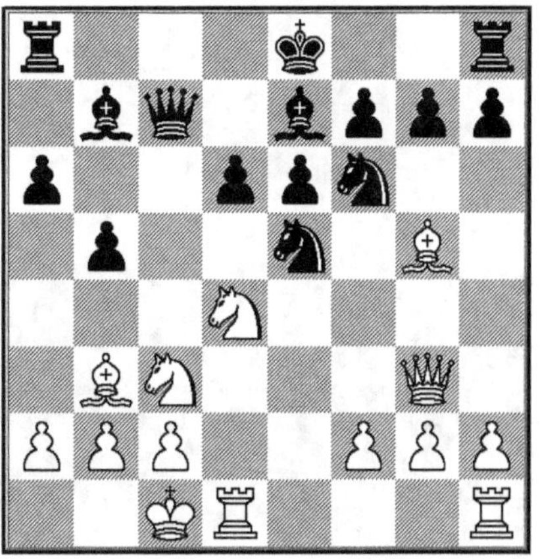

Qual é a melhor maneira de "despir" o rei das pretas? Se atreve com toda a sequência?

4 - Outros ataques

125 - Jogam as brancas ★ ★ ★

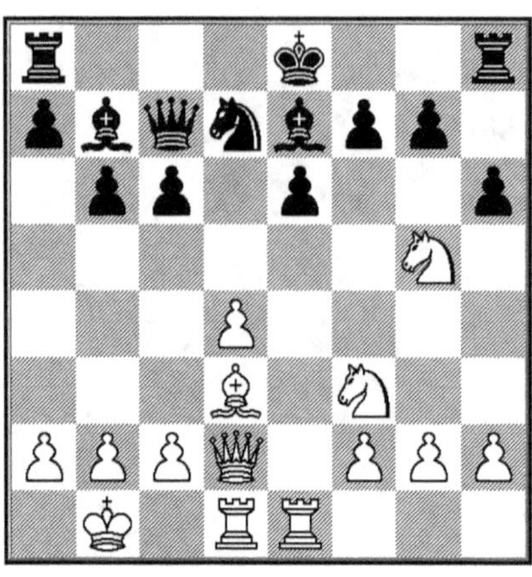

Um clássico do tema, que supõe visão combinatória capacidade de cálculo. Execute.

127 - Jogam as brancas ★ ★ ★

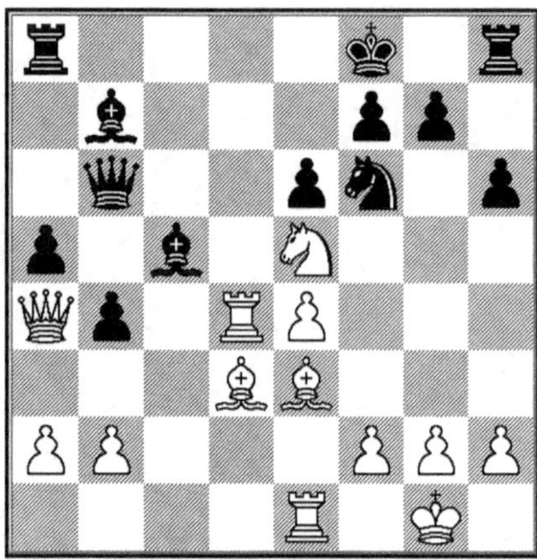

Uma posição convidativa. As pretas parecem ter tudo sob controle, mas há um vazamento em seu barco.

126 - Jogam as brancas ★ ★ ★

Não se pede decifrar esta maravilhosa partida até o final, mas a ideia essencial, com vários sacrifícios.

128 - Jogam as brancas ★ ★ ★

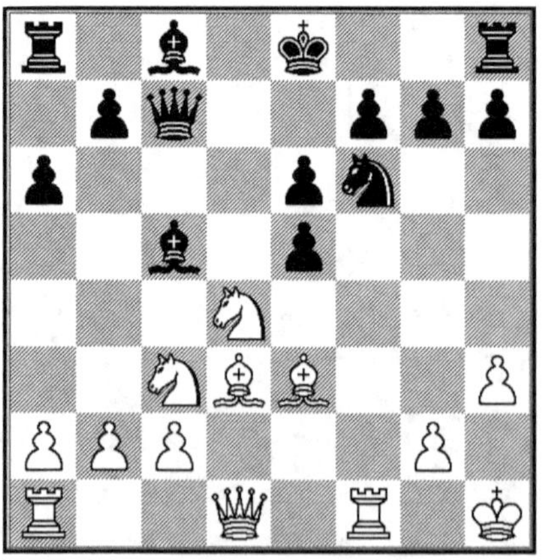

Com seu pseudo-sacrifício em e5, as pretas esperavam agora recuperar uma peça. Mas eles desencadearam a ira dos deuses. Você me segue?

Soluções

1 - Ataques clássicos

1. 3...♛h4+ 4.g3 (não 4.♔e2?? ♛×e4++) 4...♛×e4+ 5.♛e2 ♛×h1. Gambito de Rei.

2. Com **7.♛d5,** as brancas ganham peça e a partida. Por exemplo: **7...** ♝×f2+ 8.♔e2 0-0 9.♛×e4.

3. **6.e6!** (também é bom 6.♞f3) **6...** ♞f6 (6...f×e6? 7.♛h5+ g6 8.♛×g6+! h×g6 9.♝×g6++) **7.e×f7+ ♔×f7 8.♞f3,** com clara vantagem das brancas.

4. 1.♖e5+! d×e5 (se 1...♔×e5, 2.♛g5++) 2.♛d7++ (ou também 2.♛d8++, 2.♛c5++).

5. 1.♛d8+!! (1-0). 1...♔×d8 2.♝g5+ e o rei das pretas pode escolher que peça prefere que lhe dê mate: 2...♔e8 3.♖d8++, ou mesmo 2...♔c7 3.♝d8++. Réti-Tartakower, Viena, 1910.

6. 5.♞×g5! f×g5 6.♛h5+ ♔e7 7.♛f7+ ♔d6 8.♛d5+ ♔e7 9.♛e5++. Gambito de Rei.

7. 1.♝e6+! ♔×e6 2.♛e8+! ♞ge7 (ou 2...♞ce7, 2...♛e7) 3.d5++. Um belo mate de peão. Greco-aficcionado, 1619.

8. 12.♝c5! ♞bd7 13.♛×e4+! (1-0). Se 13.♞×e4, 14.♝×f7++. Anderssen-Schallopp, Berlim 1864 (2ª).

9. 8.♝×f7+! ♔×f7 9.♛h5+ ♔g7 (9... ♔e7?? 10.♞d5+ ♔e6 11.♛f5++)

10.♖g1 ♞ge7 (10...♛f6 11.♖×g2+ ♛g6+ 12.♝e5+ ♞×e5 13.♛×e5+ ♞f6 14.♖×g6+ h×g6 15.♞d5 +-) **11.♝h6+ ♔g8 12.♖×g2+** (1-0). Si 12...♞g6, 13.♖×g6+ h×g6 14.♛×g6+ ♝g7 15.♛×g7++. F.J.Pérez-Alekhine, Madri, 1943 (Blitz).

10. 19.♝g6+! (também ganha 19.f4!) 19...♔×g6 20.♛d3+ ♔h6 (20...♔f7 21.♛h7+) 21.♛h3+ ♔g6 22.♞f4+! g×f4 23.♔h1 ♝×f6 24.♖g1+ ♔f7 25.♛h7+ (1-0). Przepiorka-Patay, Merano, 1926.

11. 1...♞×c3! 2.b×c3 ♖×e3+! 3.f×e3 ♝g3+! 4.h×g3 ♛×g3++. Balk-Barnes, Nova Zelândia, 1926.

12. 1.♖×d5+! c×d5 2.♞d3+! e×d3 3.f4++. Opocensky-Hromadka, Kosice, 1931.

13. 17...♛h4 18.♞×e4 ♛×e4 19.♛×d3 ♛×g2+ 20.♔d1 ♝×f5 21.♝d5 ♝g4+! (0-1). 22.h×g4 ♖f1+. Thompson-Morphy, Nova Iorque, 1857.

14. 37.♞f6! ♛c8 (37...♛×f3?? 38.♖e8+ ♖×e8 39.♖×e8++; 37...g×f6 38.♛×f6 ♝h7 (38...♔g8 39.♖e8+) 39.♛h8+ ♝g8 40.♛×h6++) **38.♖e8+ ♖×e8 39.♖×e8+ ♛×e8 40.♞×e8 ♔×e8 41.♛a8+ ♔e7 42.♛×a5** (1-0, 55 lances). Torre-Duz Khotimirsky, Moscou, 1925.

15. 19.♖×e4! d×e4 20.♝f4! ♝×e5 (20...♖×f4 21.♖d1+) 21.♝×e5 ♛d7 22.♖d1 c×b3 23.♖×d7+ ♝×d7 24.♛×h6 ♖g8 25.c6 ♝e8 26.♞×b5 (1-0). Spielmann-Landau, Amsterdam,

1933 (3ª).

16. 14...Nb4 15.Na3 (15.Bb3 Bxe6!) 15...Bxe6! 16.Bxe6 Nd3+!! 17.Qxd3 (17.cxd3 Bb4+ 18.Qd2+ Qxd2++) 17.exd3 18.0-0-0 Bxa3 19.Bb3 d2+! 20.Kb1 Bc5 21.Ne5 Kf8 22.Nd3 Re8 23.Nxc5 Qxf1 24.Ne6+ Rxe6 (0-1). Barnes-Morphy, Londres, 1858 (1ª).

17. 9.Nxg6! hxg6 10.Qxg6+ Kd7 (10...Kf8 11.Bc4 Qe7 12.Nd5 ±) 11.Nd5 Rf8 12.Be2 c5 (12...Kc6 13.Qxe4) 13.dxc5 Bxb2 14.Rxd6+ Ke8 15.Bh5+ Rf7 16.Bxf7+ Kxf7 17.Qxd8 (1-0, 22 lances). Blackburne-Pollock, Londres, 1887 (1ª).

18. 1.Rxe5+! dxe5 2.Nd5+ Kd8 3.Rxf8+! (1-0). Se 3...Rxf8, 4.Qd6+ Qd7 (4...Ke8?? 5.Qe7++) 5.Qxf8+ Qe8 6.Qd6+ Qd7 7.Qxb8+. Keres-Shapiro, Correspondência, 1934.

19. 27.Rxc6! Kxc6 28.Nxd5! Rab8 (28...exd5 29.Rb6+ Kc7 30.Qxd5) 29.Nf4+ Kd7 30.Rb7+ Rxb7 31.Qxb7+ Ke8 32.c6 (1-0). Schlechter-Marco, Montecarlo, 1904.

20. 11.Rf1! Nxc4 12.Qd7! (12.c3 Nxb2+ 13.Bxb2 Qa4+) 12...f6 (12...Nf6? 13.Qe7+ Kg8 14.Nxf6+ gxf6 15.Qxf6) 13.Nxf6 Qf2 (13...gxf6 14.Rxf6+! Nxf6 15.Bh6+ Kg8 16.Qg7++) 14.Rxf2 Bxf2 15.Nh5 (1-0). Mieses-Chigorin, Ostende, 1906.

21. 22.Ne4! Rb8 (22...Bxc4? 23.Nf6+ Qxf6 24.exf6; 22...Ng6?! 23.Nd6+) 23.Nf6+ Kd8 24.d5! cxd5 25.Bxd5 Nd7 26.Rfd1 Bf5 27.Be4 Be6 28.Nxd7 Bxd7 29.Bf5 (1-0). Rjumin-Verlinsky, Campeonato da URSS, Moscou, 1931.

22. 22.Nd7! (ameaça 23.e5) 22...Rxd7 23.Rxd7+ Kf8 (23...Ke8?? 24.Rb7+) 24.Bxf6 Bxf6 25.e5! (1-0). Se 25...Be7 (25...Bg7?? 26.Qf3+ Kg8 27.Qf7++), 26.Qf3+ Kg8 (26...Kg7 27.Rxe7+ Kh6 28.Qe3+ Kh5 29.Bd1+ Kh4 30.Qh6++) 27.Rxe7 Qb1+ 28.Bd1 Qf5 29.Qa8+ Qf8 30.Re8. Alekhine-Böök, Margate, 1938.

23. 1.Rxd7! Kxd7 (1...fxg5 2.Nxe5) 2.Bxc6+ bxc6 3.Rd1+ Ke7 (3...Kc8 4.Qxc6 Rb8 5.Nxe5 fxe5 6.Rd8++) 4.Nxe5 Qxg5 5.Rd7+ Ke8 6.Qxc6 Qxe5 (6...fxe5 7.Rxc7+ Kf8 8.Qxa8+) 7.Rxc7+ Kf8 8.Qxa8+ Qe8 9.Rc8 Qxc8 10.Qxc8+ Kf7 11.c4! (1-0). Morphy-Lichtenhein, Nova Iorque, 1859.

24. 1.Ndxe6! Qxa4 (1...fxe6 2.Bxc5) 2.Nxg7+ Kf8 3.Bxc5+ Nxc5 4.Ngxe6+!! fxe6 5.Nxe6+ Ke8 (5...Kf7 6.Nxc5 Qxd1 7.Rfxd1) 6.Nxc5 (1-0). Nenarokov-Freyman, URSS, 1936.

25. 1.Re6! Bxe6 2.fxe6+ Ke8 (2...Kg7 3.Qc2 Qe8 4.Be1 Ra6 5.Nc7; 2...Ke7 3.Qc2 Bg7 4.Qg6 Qf8 5.Be1 Ra6 6.Nc7 Ra7 7.g3 Bh8 8.Ne8 Qxe8 9.Bxd6+ Kd8 10.Bc7+) 3.Qc2! f5 4.Qxf5 Qe7 5.Qg6+ (5.Nxd6+! Rxd6 6.Be5!! Qc7 7.Bf6) 5...Kd8 6.Be1! (1-0). Se 6...Ra6, 7.Bc3. Kasparian-Makogonov, URSS, 1946.

26. 14.Bxd5+ Kg6? (14...Qxd5 15.Nfxd5+ Nxf3+ 16.gxf3 exf2+ 17.Kxf2, com vantagem no final; 14...Ke7! 15.Qh5 gxf6 16.Qf7+ Kd6 17.Nxa8 Kasparov) 15.Qh5+ Kxf6 16.fxe3! Nxc2+ (16...Qxc7 17.Rf1+ Nf5 18.Rxf5+! Bxf5 19.Qxf5+ Ke7 20.Qe6+ Kd8 21.0-0-0! Kasparov) 17.Ke2 (1-0). Morphy-Anderssen,

Paris, 1858 (9ª).

27. 27.♘×g6+! h×g6 28.♖×g6 ♕h7 (28...♗a6 29.♖g8+ ♔e7 30.♖×e8+ ♔×e8 31.♕b8+) **29.♕g5!** e5 (29...d4 30.♗×d4! ♘×d4 31.♖g8+) **30.♗×e5!** **♗e6** (30...♖×e5 31.♕d8+ ♖e8 32.♖g8+ ♕×g8 33.♖×g8+ ♔×g8 34.♕×e8+ ♔g7 35.♕×c8) **31.♕f6+ ♗f7 32.♖g8+! ♕×g8 33.♖×g8+ ♔×g8 34.♕h8++.** Levenfish-Ragozin, Campeonato da URSS, Leningrado, 1934.

28. 11.♕e4! ♘×a1 12.f6! ♗c5+ 13.♔h1 ♖b8 (13...0–0 14.f×g7 d5) **14.e6!** ♖g8 (14...f×e6 15.♕×e6+ ♗e7 16.f×g7 e mate) **15.♕×h7 ♖f8 16.e×f7+ ♖×f7 17.♖e1+ ♗e7 18.♕g8+ ♖f8 19.f7++.** Bird-Steinitz, Londres, 1866.

29. 13.♗×g6! ♖f8 14.♖f3 c×d4 15.♗×f7+! ♔d8 (15...♖×f7 16.♕g8+) **16.♕g7 d×c3+ 17.♔e1 ♕b4** (17... ♕c5) **18.♗g6 ♖×f3 19.♘×f3 ♕f4** (19...♘e7 20.h5) **20.♖d1 ♖b8 21.♕f6+! ♕×f6 22.e×f6 ♗d7 23.g4 ♔c7 24.g5** (+–) **24...♖h8 25.♗d3 h×g5 26.h×g5 e5 27.g6 ♗e6 28.♘g5 ♘d4 29.♘h7 ♘f3+ 30.♔e2 e4 31.f7 ♘d4+ 32.♔e3 ♘f5+ 33.♔f4 ♘e7 34.g7 ♖×h7 35.f8♕ ♖h4+ 36.♔e5** (1–0). Euwe-Bogoljubov, Budapeste, 1921.

30. 11.♘×e5! ♕×e5 12.♘d5! ♕d6 (12...♕b8 13.♘×e7 ♔×e7 14.♗a3+ ♔e8 15.♗d6, ganhando a dama) **13.♗a3! c×d5** (13...c5 14.e5! ♕b8 15.♘×e7! ♔×e7 16.♗×c5+ y 17.♗d6) **14.♗×d6 d×c4 15.♗×e7 ♔×e7 16.e5** (+–) **16...♘6d7 17.♕g6+ ♔d8 18.f4 a5 19.f5 ♖a6 20.♕d5 ♔e7 21.♕×c4 ♖c6 22.♕d5 h5 23.♕×a5 ♖hh6 24.♖ae1 b6 25.♕d2 ♔d8 26.♕d5 ♖×c2 27.e6 f×e6 28.f×e6 ♘×e6 29.♖×e6 ♗b7 30.♖f8+** (1–0).

Nimzovich-Marco, Gotemburgo, 1920.

31. 13.♖×f6! g×f6 14.♕h5+ ♔d8 (14...♔×d7 15.♕f7+ ♗e7 16.♘f5! ♖e8 17.♖d1 d5 18.♘×d5!) **15.♕f7 ♗d7** (15...♗e7 16.♘f5! ♖e8 17.♘×d6 ♗×d6 18.♗b6+ ♗c7 19.♖d1+) **16.♕×f6+ ♔c7 17.♕×h8 ♗h6 18.♘×e6+ ♕×e6 19.♕×a8 ♗×e3+ 20.♔h1** (1–0). Lasker-Pirc, Moscou, 1935.

32. 22.♕g3! f×e5 23.♕g7 ♖f8 24.♖c7 ♕×c7 (única; se 24...♕d6, 25.♖×b7 d3 26.♗a7 ♕d8 27.♕×h7 +–) **25.♕×c7 ♗d5 26.♕×e5 d3 27.♕e3 ♗c4 28.b3 ♖f7 29.f3! ♖d7 30.♕d2 e5 31.b×c4 b×c4 32.♔f2 ♔f7 33.♔e3 ♔e6 34.♕b4 ♖c7 35.♔d2 ♖c6 36.a4** (1–0). Botvinnik-Euwe, Campeonato Mundial, Haia/Moscou, 13.4.1948.

3 - Sacrifícios de peças menores

33. Por **8.♘×f7!** ♔×f7 9.♘e5+ ♔f6 (9...♔e8? 10.♕h5+; 9...♔e6 10.♕g4+ ♔d6 11.♘f7+) **10.♕h5**, e as brancas vencem.

34. 6.♗×f7+! ♔×f7 7.♘g5+ ♔g8 (7...♔f8?? ♘e6+; 7...♔e8? 8.♘e6, ganhando a dama) **8.♘e6 ♕e8 9.♘×c7 ♔d8 10.♘×a8** (+–).

35. 1.♘b7! (também ganhavam 1.♘×a6 e 1.♘×e6) **1...♖×b7** (1... ♗×b7 2.♕c5+ ♔e8 3.♕×a7) **2.♕c5+ ♔e8 3.♕×c8+** (1–0). Tal-Rothsprach, Alemanha Oriental, 1967.

36. 1.♘d6+! ♖×d6 2.♘c4 (1–0). Se 2...♖×e2, 3.♖×e2+ e 4.♘×d6. Glotov-Osipov, URSS, 1978.

37. 24.♗f6+! ♔×f6 25.♕d8+ (1–0).
Se 25...♔f5 (25...♔g7 26.♖g3+),
26.♕g5+ ♔e4 27.♕e5++.
Bogdanovic-Suetin, Iugoslávia-URSS,
Budva, 1967.

38. 15.♘×e6! **g5** (15...f×e6??
16.♗h5+ g6 17.♗×g6++; 15...♗b4
16.♖×b4! ♕×b4 17.♕×b4 ♘×b4
18.♘d6++; 15...♕×e4?? 16.♘c7++)
16.♘f6+! (1–0). 16...♘×f6 (16...♔e7
17.♕d6++) 17.♘d8. Radjabov-Anand,
Campeonato Mundial de rápidas,
Rishon-le-Zion, 7.9.2006.

39. Con **1.♗b5!** se resolvem ambos
os problemas em um só lance: intercep-
ção na coluna **b** e torres conectadas (1–
0). 1...a×b5 (1...♕d5 2.♘×f6+ ♗×f6
3.♗×f6 +–) 2.♘×c6. Lemaire-Olsen,
Correspondência, 1956.

40. 38.♗c7! ♗×c7 (38...♖bd8
39.♗×d8 ♖×d8 40.♘c5+ ♗×c5
41.♖×d8 ♘×d8 42.♖×d8 +–) **39.♘c5+**
♔e7 40.♖d7+ ♔f8 41.♖×c7 ♖e7
(41...♖ec8 42.♖dd7 ♖×c7 43.♖×c7)
42.♖dd7 ♖be8 43.♘e6+ ♖×e6
44.♖×f7+ ♔g8 45.♖g7+ ♔h8
46.♖×h7+ ♔g8 47.♖cg7+ ♔f8 (1–0).
Velimirovic-Garcia Orús, Zonal Haia,
1966.

41. 26.♗×e6! (1–0). 26...f×e6 (26...
♘h8 27.♕f3) 27.♕g4. Stein-Petrosian,
Campeonato da URSS, Moscou, 1961.

42. 1.♘×e6! f×e6 2.♕×g6+ ♔f8 3.f5
♗g5 (3...e×f5 4.e6!; 3...♕×e5 4.f6)
4.♗c5+! (1–0). 4...♕×c5 5.♖d7 ♗e7
6.f×e6. Nicevski-Grigorov, Pernik,
1977.

43. 1.♘×e6! f×e6 2.♗×e6 ♗×d6 (2...
♗f6 3.e5 ♗g5+ 4.♔b1; 2...♘h6
3.♗×d7+ ♗×d7 4.♗×e5) **3.♕f7+ ♔d8**
4.♖×d6 ♘e7 (4...♕a7 5.♗×d7 ♗×d7

6.♖hd1) **5.♗×d7 ♗×d7 6.♘d5!** (1–0).
Ghinda-Ciocaltea, Romênia, 1977.

44. 1.♘×f5+! e×f5 2.♖×d5 ♗e8 (2...
♗e6 3.♖d7+! ♔f8 4.♖d6; 2...♘c6
3.♖d7+!) **3.♖d7+¡ ♔f8 4.♖d6 ♕c5**
5.e×f6 ♗h6 6.♖d8 ♔g8 (6...♖×d8
7.♕×d8 ♕e3 8.♗d5) **7.♗×h5 ♗×f4**
8.♖×e8+! ♖×e8 9.♕d7 (1–0). Ostojic-
Gheorghiu, Val Thorens, 1977.

45. 27.e5! ♗×f4 (27...f×e5 28.♘f5+
e×f5 29.♖×h6 ±) **28.♘f5+! e×f5** (28...
♔f8 29.♖×c6!) **29.e×f6+** (1–0). 29...
♔f8 30.♖×c6 +–. Gligoric-Nievergelt,
Zurique, 1959.

46. 1...♗×f3! 2.♗×f3 ♗d4! 3.♗b2
(3.♕×d4?? ♘×f3+) **3...♕×d6 4.♗e2**
♖ad8 5.♕c2 (5.c5 ♕e6 6.♕c2 ♗e3!)
5...♘fg4! 6.♗×g4 ♘×g4 7.0–0–0
♘e3 8.♕e2 ♘×d1 9.♖×d1 ♕h6+ (0–
1). Singh-Sahu, India, 1994.

47. 29.♘×f5+! e×f5 30.♗×f6+!
♕×f6 31.♖×d7+ ♔×d7 32.♔×f6 (além
dos dois peões de vantagem, o rei das
pretas permanece exposto) **32...♖gf8**
33.♕g7+ ♔c6 34.♕×h7 (1–0, 54 lances). Golubev-Loskutov, Alushta, 2005.

48. 1.♖d5! ♕×c3 2.♗×e5 ♘×e5
3.♖×e5+ ♔d7 (3...♗e7 4.♖×e7+! ♔f8
5.♖×b7) **4.♖d1+ ♔c7** (4...♗d6?
5.♖e7+) **5.♖e4! ♗c5 6.♖c4 ♖ae8**
7.♕×e8! ♖×e8 (7...♕×c4 8.♕×h8)
8.♖×c3 (1–0). Djuric-Marjanovic,
Estambul, 1988.

49. 41.♘h6+! ♕×h6 (41...g×h6
42.♕d7+ ♔g8 43.♖e8+ ♘f8 44.♕d8)
42.♕d7+ ♘e7 43.♕×e7+! ♔g6
44.♕e8+ ♔f5 (44...♔h7 45.♖h1)
45.g4+ ♔×g4 46.♕e2+ ♔f5 47.♕d3+
♔g4 48.♕f3+ ♔g5 49.♕e3+ ♔g4
50.♕×b6 (1–0). Fishbein-Shulman,
Campeonato dos EUA, San Diego,

2006.

50. 24.♞f6! ♜×a1 (24...♞×f6 25.♛d6+ ♚e8 26.♝×c6+!! ♝×c6 27.♜×a8+ ♝×a8 28.♛×b6) **25.♞×g8+ ♚f8 26.♜×a1 ♚×g8 27.♛b8!** (1–0). 27...♚f8 28.♜a7. Izoria-Bartel, Kusadasi, 2006.

51. 1...♞e5! 2.♛g3 (2.♛×b7 ♞×d3+ 3.♚f1 0–0 4.♛×c7 ♛b5!) **2... ♝h4! 3.♛e3** (3.♛×h4 ♞×d3+ 4.♚f1 ♞×f4 5.♛×f4 ♛b5+; 3.♛h3 ♝×g2! 4.♛×g2 ♞×d3+ 5.♚f1 0–0) **3... ♝×f2+!** (0–1). 4.♚×f2 (4.♛×f2 ♞×d3+) 4...♞g4+. Papler-Sahovic, Campeonato da Iugoslávia, 1974.

52. 33...♞×e3! (0–1). Se 34.f×e3, 34...♝×e3+! 35.♚c2 (35.♚×e3 ♛×c3+) 35...♝×d4 36.♝×b2 ♝×c3 37.♝×c3 d4. Balashov-Stean, Campeonato Mundial de Estudantes, Teesside, 1974.

53. 28.♞f5+! e×f5 29.e×f5+ ♚f8 (29...♚d8? 30.♛a8+ ♝c8 31.♛×a5+ ♚d7 32.♝b5++) **30.♛d5 ♚g7** (30... ♛g7?? 31.♛a8+ ♝e8 32.♛×e8++) **31.♜e7+ ♚h6 32.♜×d7 ♜g1 33.♜×d6 ♜×d1+ 34.♛×d1 h4 35.♛d4 ♜f8 36.♜e6 h3 37.♜e4 ♛×f5 38.♜f4 ♛g5 39.♜h4+ ♚g6 40.♜×h3** (1–0). Karjakin-Timofeev, Internet, ACP (Blitz), 14.2.2004.

54. 1.♝×e6! f×e6 2.♛×e6 ♜f8 (única; 2...♚f8 3.♛g4! ♝d8 4.♜d7! ♛×c2+ 5.♚a1; 2...♛c4 3.♛d7+ ♚f7 4.♛×b7) **3.♛f5! ♜d8** (3...♜f7 4.♜g8+ ♝f8 5.♜e2+ ♚d8 6.♜×f8+ ♜×f8 7.♜d2+ ♚e8 8.♞c5; 3...♛c4 4.♛d7+ ♚f7 5.♛×b7; 3...♝f3 4.♞d4) **4.♛h5+ ♜f7 5.♜g8+ ♝f8 6.♜e2+ ♛e7 7.♜×f8+!** (1–0). 7...♚×f8 8.♛h8++. Akopian-Kamsky, URSS, 1986.

55. 21.♝b6! ♜×f4 (21...♛×b6?? 22.♛d7++; 21...♛c8 22.♛h5) **22.♛h7!** (1–0). 22...♜c8 23.♝×c7 ♜×7 24.♝d5 +–. Ács-Berkes, Campeonato da Hungria, Budapeste, 21.8.2004.

56. 1...♝g3+! 2.♚×g3 ♛e5+ 3.f4 h4+! 4.♚h2 (4.♚f3? ♛e4+ 5.♚g4 ♜ee5! 6.♜f2 ♜h5!) **4...♛×f4+ 5.g3 h×g3+ 6.♚g2 ♛e4+ 7.♜f3** (7.♚g1 ♜f6 8.♜×g3 ♜×d4 –+; 7.♚×g3?? ♜g5+ 8.♚h2 ♛f4+ 9.♚h1 ♜e1++) **7...♜×d4 8.♛c3 ♜d1** (–+) Browne-Schmid, Adelaide, 1970.

57. 25.♞b5! c×b5 26.♝×b7 ♜b8 27.♝c6+! ♚d8 (27...♛×c6 28.♛×f8+ ♚d7 29.♛×b8) **28.♛×f8+ ♚c7** (28... ♛×f8 29.♜×f8+ ♚c7 30.♜×b8 ♚×b8 31.♝×b5 +–) **29.♛g7+! ♚×c6** (29... ♚b6 30.♝e4 b×a4 31.♜f6 ♝e6 32.♛g3!) **30.♛c3+ ♚b6 31.♛×b3** (1–0, em 39 lances). Jobava-Carlsen, Varsóvia, 2005.

58. 14.♛f3! a×b5 (14...f6 15.e×f6 e×f6 16.♛e3+ ♚d8 17.♞f7+) **15.♛×f7+ ♚d7?** (15...♚d8 16.♞e6+ ♚d7 17.0–0) **16.♛e6+ ♚e8** (16... ♚d8? 17.♞f7+ ♚e8 18.♞d6+) **17.♛f7+ ♚d7 18.0–0! ♜a4** (única, para proteger em c4 frente ♜c1) **19.b3 ♜×d4 20.♜ac1 ♜c4** (20...♛b8 21.♛e6+ ♚e8 22.♜c6) **21.b×c4 b×c4 22.e6+ ♚c6 23.♛f3 b5 24.♞f7** (1–0, 39 lances). De Dovitiis-De Maria, Buenos Aires, 2006.

59. 14.♞c6! e5 (14...0–0 15.♞×e7+ ♛×e7 16.♜fe1 e5) **15.♞×e7!** (melhor do que ganhar um peão com 15.♛c3) **15...♛×e7 16.f4 e×f4?** (16...0–0 17.♛e3 ♜e8 18.f5 ♛f6 19.c4 ±) **17.♝×b7!** (1–0). Svidler-Bareev, Wijk aan Zee, 13.1.2004.

60. 1.Nh×f5!! g×f5 (1...B×f5 2.Q×e7+ K×e7 3.B×f5 g×f5 4.N×f5+) **2.B×f5 Qf6** (2...B×f5 3.Q×e7+ K×e7 4.N×f5+; 2...Bg7 3.Qh5+ Kg8 4.Re1 Rd8 5.B×e6+ N×e6 6.Qh3) **3.Qh5+ Ke7 4.B×e6 K×e6** (4...Q×e6 5.Re1; 4...N×e6 5.Nf5+) **5.Re1+ Ke7 6.B×d6 K×d6** (6...Q×d6 7.Qf7+ Kc8 8.Re8+) **7.Q×h6 Ng6** (7...Q×h6 8.Nf5+) **8.Qh2+** (1-0). 8...Qf4 (8...Kd7 9.Qh7+ Ne7 10.Nf5, com liquidação geral) 9.Nf5+ Kc7 10.Qh7+ Kb6 11.Q×g6. Rozentalis-Terreaux, Biel, 1990.

61. 28.N×f7! R×f7 (28...N×d1 29.N×e5+ Kd8 30.R×d1+ Kc8 31.Nd7!) **29.R×f7 Q×f7 30.Qh8+ Ke7** (30...Qf8? 31.Bh5+ Ke7 32.Qh7+ Kf6 33.Rf1+) **31.Qh4+ Qf6** (31...Ke8 32.Bh5 N×d1 33.B×f7+ K×f7 34.Qh5+) **32.Rd7+ K×d7 33.Q×f6 Bd5** (33...N×e2 34.Qf7+ Kc8 35.Q×e6+ Kd8 36.Qg8+ Kc7 37.Qc4+) **34.Bg4!** (1-0,43 lances). Klundt-Kestler, Campeonato da Alemanha Federal, Voelklingen, 1970.

62. 23.Ne4! d×e4 (23...Qa7 24.Nd6+ B×d6 25.e×d6 Rg8 26.Rae1+ Nde6 27.B×f8 +-; 23...Qd4 24.Nd6+ B×d6 25.e×d6 Nfe6 26.Rad1 Qh4 27.B×d5 +-) **24.Rac1 Qb6 25.Rcd1!** (1-0). 25...Nfe6 26.B×e6 f×e6 27.Qh5+. Tal-Teschner, Campeonato da Europa de países, 1957.

63. 20.Ng5! N×g5 (20...f5 21.e×f6 Qc5+ 22.Kh1 Q×g5 23.Qc3 Q×g4 24.f7+ Kd8 25.Q×h8 +-) **21.e6 Qc5+ 22.Bf2 Qd6 23.e×d7+ Q×d7** (23...K×d7 24.Rd1) **24.Nf6+** (1-0). Sax-Minic, Rovinj-Zagreb, 1975.

64. 29.Bg6! b4 (29...f×g6?? 30.N×g6+; 29...B×e5 30.f×e5) **30.B×f7 B×f1** (30...B×e5 31.f×e5 B×f1 32.R×f1 +-) **31.Ng6+ K×f7 32.N×e7+ K×e7 33.Qg4!** (1-0). Dreev-Bareev, Campeonato da Rússia, 2005.

65. 15.Ne4! Bg7 (15...d×e4 16.Q×c5 Rc7 17.Q×c3) **16.Bg5 Qc7 17.Bf6 B×f6** (17...Kf8? 18.B×g7+ K×g7 19.Qg5+ Kf8 20.Qh6+ Ke8 21.Nf6+ Ke7 22.Rfe1 +-) **18.N×f6+ Kd8 19.Rfe1** (19.c4!) **19...Rb7 20.Rbd1! Rb2** (20...Nd4 21.N×d5!; 20...Qd6) **21.N×d5! e×d5 22.Qg5+ Ne7 23.Qf6** (1-0). Skachkov-Iljushin, Saratov, 2005.

66. 10...Qf6! 11.Bg3 N×c3 12.a3 Bf5 13.Qd2 Ba5 14.b4? (14.Nf3 Nb1 15.Q×a5 Q×b2 16.Qa4+ Bd7 17.Be5 Nc3 18.Qd1 N×d1 19.B×b2 N×b2 20.Rb1 Na4 21.R×b7 N×c5 22.Rc7 Ne6 Æ) **14...Ne4 15.Qc1 Rc8 16.Ra2 R×c5 17.Qa1 Qc6! 18.Qe5+ Kd8 19.Q×h8+ Kd7** (0-1). I.Sokolov-Aronian, Olimpíada de Turim, 2006.

67. 12.Bd5!! e×d5 (12...b4 13.B×b7 N×b7 14.Nd5!) **13.e×d5+ Kd7** (13...Be7 14.B×f6 g×f6 15.Nf5) **14.b4 Na4 15.N×a4 b×a4 16.c4! Kc7** (16...Kc8 17.Q×a4 Qd7 18.Qb3 g5 19.Bg3 Nh5 20.c5!, Fischer-Rubinetti, Interzonal de Palma de Mallorca, 1970) **17.Q×a4 g5 18.Bg3 Nh5 19.c5! B×d5 20.Rac1! N×g3 21.c×d6+ Kb7** (21...K×d6? 22.Rc6+! Kd7 23.Rc5+!) **22.Rc7+** (1-0). 22...Kb8 23.Qc6! Ra7 24.Qb6+ Rb7 25.R×b7+ B×b7 26.Nc6+ Ka8 27.Qa7++. Kogan-V.Popov, Copa da Europa de clubes, 11.10.2006.

68. 13.♗×e7!! ♘×e7 (13...f×e4 14.♗×d6 e3 15.♕e1 ♕d8 16.♘g5! Dreev) **14.C×d6+ ♔f8 15.♘g5** (ameaça 16.♖×b7) **15...b6 16.♕b4! h6 17.♕b3 ♘d5 18.♘gf7 ♗e6** (18...♖h7 19.♘×c8 ♕×c8 20.♘d6 ♕d7 21.♗c4 ♕e6 22.♗×d5! ♕×d5 23.♕g3 ♕e6 24.c4) **19.♘×h8 ♗×h8 20.c4 ♘e7 21.g4! ♘d7 22.♕a3! c5** (22...♔g8 23.♘×f5! ♘×f5 24.g×f5 g×f5 25.♕e7 +– Dreev) **23.d5 ♘×d5 24.c×d5 ♗×d5 25.♖bd1** (1–0). Dreev-Art. Minasian, Varsóvia, 2005.

> ## 3 - Sacrifícios de peças maiores

69. 1.♖×e6+! ♗×e6 (1...f×e6?? 2.♗g6++) **2.♗b5+** (1–0). 2...♗d7 3.♖e1+ ♗e7 4.♕×c5. Kosikov-Privanov, URSS, 1977.

70. 1.♘×d7! ♘×e2 2.♘f6++. Posição didática.

71. 1.♕×g6+! (1–0). 1...h×g6 (1... ♔f8 2.♕f7++) 2.♖h8+ ♘g8 3.♖×g8++. O'Kelly-Ramirez, Costa do Sol, 1963.

72. 1.♕e6+! ♔d8 (1...f×e6?? 2.f7++) **2.♕×f7 ♔c8 3.♕e8+ ♕d8 4.f7 ♗e7 5.♕×e7** (1–0). Mnatsakanian-Verstraeten, Sinaia, 1965.

73. 1.♕a3! ♗d7 (1...♕×a3?? 2.♖d8+ ♔e7 3.♖e8++; na partida foi jogado 1...g6 2.♖d8+, 1–0, pois se 2... ♔g7, 3.♖×g8+ ♖×g8 4.♕×e7) **2.♕×e7+ ♘×e7 3.♗×d7** (+–). Euwe-Benitez, San Juan, 1948.

74. 1.♘×e6!! (1–0). 1...♕×h5 2.♘g7+ ♔d8 3.♖e8++; 1...f×e6 2.♕×d5 +–. Bareev-Yakovich, URSS, 1986.

75. 1.♖×g7! ♔×g7 (1...♕d8 2.♖g3 ♖g8 3.♖ee3; 1...♘d7 2.♖×f7+! ♗×f7 3.♕×h8+) **2.♘h5+ ♔f8 3.♕d6+ ♔g8 4.♕g3+ ♔f8 5.♕g7+ ♔e7 6.♕×f6+** (1–0). Trapl-Lengyel, Stary Smokovec, 1964.

76. 19.♖×b5! a×b5 20.♕×b5+ ♔d8 21.♕d5+ (1–0). 21...♔c7 22.♕×a8 ♕c6 23.♕a5+ ♔d7 24.♖b1, etc. Schmid-Sumar, Olimpíada de Tel Aviv, 1964.

77. 1.♕h4! ♗d7 (se 1...♗e2, segue o mesmo) **2.♖×f6! ♕×f6 3.d6+**, ganhando a dama. Variante da partida Van den Berg-Eliskases, Beverwijk, 1959.

78. 1.♕a7! ♕×a7 (1...♕b8 2.♕d7+ ♔f8 3.♖×c8+) **2.♖×c8+ ♗d8 3.♖c×d8+ ♔e7 4.♖×g8** (1–0). Kobalia-Korotilev, Moscou, 1999.

79. 1...♖e4+! 2.d×e4 (2.♔×e4?? ♕g4++) **2...♗a6! 3.♘g6+ ♔h7!** (3... f×g6?? 4.♕e8+ ♔h7 5.f×g6++) **4.♘f4 ♕d1+** (0–1). 5.♗d2 ♕×d2+ 6.♘d3 ♕×d3++. Kötz-Günzel, Berlim, 1979.

80. 1.♖×d5! ♕c7 (1...♕×d5?? 2.♕×e7+ ♔g8 3.♕e8++; 1...♗×f5 2.♖×d8+ ♖×d8 3.♖e1 ♗e6 4.♗c4!) **2.♖d7! ** (1–0). 2...♗×d7 3.♕×e7+ ♔g8 4.♘h6+ ♔g7 5.♕×f7+ ♔×h6 6.♕×f6 ♔h5 7.♗e2+ ♗g4 8.♗×g4+ ♔×g4 9.h3+ ♔h5 10.g4++. Gipslis-Darznieks, URSS, 1962.

81. 1.♕h5+ ♔f8 (1...♔e7 2.♗a3+ ♔f6 3.♘f7 ♔×e6 4.♘×d8+) **2.♗a3+ ♔g8 3.♕f7+! ♘×f7 4.e×f7++**. Posição didática.

82. 1.♘d5! ♕a5 (única) **2.♕a3!** (1–0). As pretas não podem evitar o mate em c7 sem perder a dama. Rogoff-Bertok, Iugoslávia, 1971.

83. 1.♖×f7+! ♗×f7 2.♘f5+ ♔e6 3.♘g7+ ♔e7 4.♗d8++ (1–0). Hever-Siklaj, Hungria, 1975.

84. 1.♕×g6!! ♖h1+ (1...f×g6 2.♖×e6+ ♔d7 3.♖f7+ ♕e7 4.♖f×e7+) 2.♔×h1 ♕h8+ 3.♗h3 ♕×h3+ 4.g×h3 f×g6 5.♖×e6+ (1–0). Haag-Liverios, Hungria, 1976.

85. 1.♘×d5! ♕a5 (1...♕×b3?? 2.♘c7++; 1...♕c6 2.♘×e7 ♔×e7 3.♕e3+ ♘e6 4.♗×e6 ♕×e6 5.♕g5+ f6 6.♕g7+) 2.♕b5+! (1–0). 2...♕×b5 3.♘c7++. Legki-Efimov, Asti, 1994.

86. 1.♖d8+! ♘e8 (1...♕×d8?? 2.♕×g7++) 2.f6! (1–0). 2...g×f6 3.♕g8+ ♖×g8 4.♖×g8++; 2...♕×f6 3.♕a3+ ♕e7 4.♖×g7! ♕×a3 5.♖f7+ ♔g8 6.♖×e8+ ♕f8 7.♖e×f8++. Visniaski-Perevoznikov, URSS, 1950.

87. 37.♖d7! ♗×d7 (37...♔f8 38.♗d6+ ♔g7 39.♘h5+ ♔g6 40.♕f6+ ♔×h5 41.♕×f7+ ♔h6 42.♕h7++) 38.♘d5+ ♔d8 (38... ♔f8?? 39.♕h8++; 38...♔e8 39.♕f6 ♘g7 40.♗e5) 39.♕f6+ ♔c8 40.♘b6++. Lutikov-F.Silva, Odessa, 1976.

88. 1.♖×f7! (na partida foi jogado 1.♗g6 0–0 2.♖×f7!) 1...♔×f7 2.♕f3+ ♔g8 (2...♔e8 3.♗g6++) 3.♖f1 ♖h7 4.♕f7+ ♔h8 5.♕f8+ ♖×f8 6.♖×f8++. A.López-Lemus, Cuba, 1984.

89. 1.♖f6+ (ganha ainda mais rápido 1.♕h4+ ♔e7 [1...♔d5? 2.♘c3+ ♔c6 3.d5+ ♔c5 4.b4+ ♔b6 5.♕d4+ ♔a6 6.♕c4+ ♔b6 7.♕b5++] 2.♕h4+ ♔e6 3.d5+! ♔×e5 [3...♔×d5 4.♘c3+ ♔c5 5.b4+ ♔b6 6.♕d4+ ♔a6 7.♕c4+b5 8.♕×b5++] 4.♕g3+ ♔d4 5.♕c3+ ♔×d5 6.♖f5+ ♔d6 7.♕c5+ ♔e6 8.♕e5++) 1...♘×f6 2.♕×f6+ ♔d5 3.♘c3+ ♔c4 (3...♔×d4 4.♖d1+ ♔c5 5.♖d5+ ♔c4 6.♕f4++) 4.♕f1+ ♔×d4 (4...♔b4 5.♕b5++) 5.♕f4+ ♔c5 6.b4+ ♔b6 7.♕d4+, etc. Variante Lolli, no Gambito de Rei.

90. 14...♖×e2+! 15.♔×e2 (15.♔d1 ♗×d3 16.♕×d3 ♖×f2) 15...♘e5 16.♔d1 ♗×d3 17.♕a4 b5 18.♕a6 ♕d7 19.♔c1 (19.♕a3 ♕f5 20.♗e3 ♘fg4) 19...b4 20.♕a5 a6!, com a prisão da dama branca: a ameaça ...♘c4 é decisiva. Mikenas-Keres, Campeonato da URSS, Moscou, 1949.

91. 1.♕c1! ♕d8 (1...♕×c1? 2.♘d7++; 1...♕b7 2.♕c2) 2.♕c6!! (ameaça 3.♘d7+) (1–0). 2...♖×c6? 3.♖f7+ ♔e8 4.♖f6++. Donev-Dichev, Sofia, 1986.

92. 1.♕×e8+!! ♗×e8 2.♖×e8+ ♔d7 3.♘h7! ♕d4+ 4.♔h1 (4.♔f1?? ♘g3++) 4...♘g3+ 5.♔h2 ♘e4 6.♘×e4 c6 (6...♔×e8? 7.♘eg5+ ♔d7 8.♘f8+ ♔d8 9.♘f7+ ♔c8 10.♖e8++) 7.♘c5+! d×c5 8.♘f8+ ♔d6 9.♖d8+ (1–0). 9...♔c7 10.♘e6+ ♔b6 11.♘×d4. Smejkal-Dukic, Suíça, 1968.

93. 1...♕f3!! 2.♗b1 (2.g×f3?? ♘×f3+ 3.♔f1 ♗h3++; 2.0–0 ♕×d3) 2...♕×g2 3.♔d2 (3.♖g1?? ♘f3++; 3.♘g3 ♘f3+ 4.♔e2 ♗g4) 3...♕×f2 4.♔c1 ♕e3+ 5.♕d2 ♕×d2+ 6.♔×d2 ♗g4 7.a3 ♗e7 8.♗a2 0–0–0 (–+). Peev-Haïk, Bucareste, 1979.

94. 16...♘e3!! 17.♕g3 (17.♗×e3 ♕×e3 18.♘×b7 ♘f3+ 19.♔d1 ♕d2++; 17.♕×g5?? ♘f3++) 17... ♕×g3 18.♘×g3 ♘×c2 19.♔d1 (19.♔d2 ♘×a1 20.♘×b7 ♗h6+ –+) 19...♘×a1 20.♘×b7 b3 21.a×b3

(21.a3 ♗h6 22.♘×d6+ ♔d7) **21...
♘×b3 22.♔c2 ♘c5 23.♘×c5 d×c5
24.♗e1 ♘f3 25.♗c3 ♘d4+ 26.♔d3
♗d6 27.♗g2 ♗e5 28.♔c4 ♔e7
29.♖a1 ♘c6** (0–1). Shirov-J.Polgar,
Buenos Aires, 1994.

95. **1.♕e8+!! ♔×e8** (1...♔g7 2.♘d6
♘×d6 3.♕e5+ ♔f7 4.♕×d5+) **2.♘f6+
♔d8** (2...♔f8 3.♖e8+ ♔g7 4.♘h5++)
**3.♖e8+ ♔c7 4.♗f4+ ♔c6 5.♖×c8+!!
♖×c8 6.c×d5+ ♔×c5 7.♘d7+! ♔×d5
8.♗g2++**. Análise publicada em uma
revista russa (1966).

96. **1.♖×e7+!!** (também ganha
1.♕e4) **1...♔×e7 2.♕e4+ ♔d8** (2...
♔f8? 3.♖e1) **3.♕h4+! f6 4.♗×f6+!
♔e8** (4...g×f6 5.♕×f6+ ♔e8 6.♖e1+ e
mate) **5.♖e1+ ♔f7** (5...♔f8 6.♗×g7+!
♔×g7 7.♖e7+ ♔g6 8.♕×h7+ ♔f6
9.♕f7+ ♔g5 10.♕×g8+) **6.♖e7+ ♔g6
7.♗e5! d6 8.♕g3+ ♔h5 9.♕f3+ ♔h6**
(9...♗g4 10.♕f7+g6 11.♕×h7+ ♔g5
12.h4+ ♔f5 13.♕f7+ ♔e4 14.♗c3+)
**10.♕f4+ g5 11.♕f6+ ♖g6 12.♖×h7+!
♔×h7 13.♕h8++**. Shipman-Weber,
EUA, 1985.

4 - Outros ataques

97. **1.♘d6+! ♔d8** (1...♔f8
2.♕f7++) **2.♕e8+! ♘×e8** (ou 2...
♖×e8) **3.♘f7++**. Mate de Lucena ou *do
coice*. Posição didática.

98. **27.♗×c5+ b×c5 28.♖×e6+!** (1–
0). 28...♔×e6 (28...f×e6) 29.♕f6++.
Fischer-Hook, Olimpíada de Siegen,
1970.

99. **1.♗×c6! ♘×c6** (única; 1...d×c6
2.♕×d8++; 1...b×c6 2.♘e6+ d×e6
3.♕×d8+) **2.♕d5 ♕e8 3.♗a3+** (1–0).

3...d6 (3...♘e7 4.♕×a5) 4.e×d6 c×d6
5.♗×d6+.   Lepeshkin-Zagorovsky,
Odessa, 1960.

100. **20.♕d8+! ♕×d8** (20...♔f7?
21.♖×a8 ♕×a8 22.♖×d8) **21.♗×c6+
♔f7 22.♖×a8 ♕×a8** (22...♕c7?
23.♗e8++) **23.♗×a8 ♗g7 24.♗×g7
♖×a8 25.♗h6** (1–0). King-Levitt,
Campeonato do Reino Unido por equi-
pes, 2006.

101. **1.♘f7! ♔×f7** (1...♖g8 2.♕×h7
♔×f7 3.♖f1+) **2.♖f1+ ♔e8 3.♖×f8+!**
(1–0).   3...♔×f8   (3...♖×f8??
4.♕×e7++) 4.♕×e7+ ♔g8 5.♕e6+
♔f8 6.♗e7+ ♔e8 7.♗×d6+ ♔d8
8.♕e7+ ♔c8 9.♕×c7++. Sokolsky-
Kojfman, URSS, 1948.

102. **1.♕f3! ♗×b3** (1...♗×f3??
2.♖×f7++; 1...♘f6 2.♗×d5 ♕×d5
3.♕×f6) **2.♖×f7+! ♗×f7 3.♘e6+ ♔e8
4.♘×g5+** (1–0). Tatarintsev-Zemtsov,
URSS, 1966.

103. **1.♖×f5+! e×f5 2.♖e1! ♘c6**
(2...♕×b4?? 3.♖e8++) **3.♖×e7 ♘×e7
4.♘d5** (1–0). Posição didática.

104. **17.♕g5! ♘×d3?** (17...♗×e4
18.♗×e4 h4 19.♗×h4 d5 20.e×d6
♗×d6 21.g3 0–0 22.c3 ♘c6 ±)
**18.♘d6+! ♗×d6 19.e×d6 ♕d8
20.♕×g7 ♖f8 21.c×d3** (1–0). 21...
♗c6   (21...♗d5)   22.♗h4.
Nepomniachy-Kobalia, Tomsk, 2006.

105. **26.e×d6+!** (na partida foi jogado
26.d5? ♕h7! 27.d×e6 f×e6 28.e×d6+
c×d6 29.♖d1! ♖h1+ 30.♔f2 ♖×f1+
31.♔×f1 ♕h1+ 32.♘g1 ♕h2 33.♘f3
♕h1+ 34.♘g1 ♕h2, e empate) **26...
c×d6 27.c5! b×c5 28.d×c5 ♘×c5**
(28...d×c5 29.♘e5!) **29.♘e5!** (+–).
Bacrot-Berkes, Moscou, 2005.

106. 14...♘d2! 15.♕×a6 (praticamente, única: 15.♘d6+ ♔e7) **15... ♕e3+!** (muito melhor do que 15... ♘e4+ 16.♔f3) **16.♔h4 ♕×f4+! 17.♔h3 g5?!** (0–1). No entanto, seria mais preciso 17...♕f5+! 18.g4 ♕f3+ 19.♔h4 h5. 17...g5?! permite às brancas resistirem um pouco mais: 18.♘f6+ (não 18.g3? g4+ 19.♔g2 ♕×e4+ 20.♔g1 ♗c5++) 18...♔f8 19.g3 ♕f5+ 20.♔g2 ♕f3+ 21.♔h3 ♘e4! 22.♘×e4 ♕f5+ 23.♔g2 ♕×e4+ 24.♔h3 g4 25.♔h4 ♗e7+ 26.♗g5 ♗×g5+ 27.♔×g5 ♖g8+ 28.♔h4 ♕×e5. Wittmann-Gude, Correspondência, 1982-84.

107. 26.♘d7! ♕b7 (26...♔×d7 27.♖×b4) **27.♖f4! f5 28.e×f6+ ♔×d7 29.♖×b4!** (1–0). 29...♕×b4 30.♕×c6+ ♔d8 31.♕c8++. Vaganian-Chekhov, Campeonato da URSS, Vilnius, 1980.

108. 1.♘b5! ♕c6 (1...a×b5? 2.♗×f7+ ♔×f7 3.♕d5+ ♔e8 4.♕e6+ ♗e7 5.♕×e7++) **2.♘c7+! ♕×e7 3.♗×f7+! ♔×f7 4.♕d5+ ♔e8 5.♕e6+ ♗e7 6.♕×e7++.** Wilson-Corral, Espanha, 1995.

109. 18.e6! f×e6 19.♘×d5!! ♘f5 (19...c×d5 20.♗b5; 19...♕×d5?? 20.♕×e7++; 19...♘×d5 20.♗×g6+) **20.♗×f5** (1–0). 20...g×f5 21.♖×e6+ ♕×e6 22.♘c7+. Penrose-Blau, Hastings, 1957-58.

110. 1.♘×f7! ♔×f7 2.♗×e6+ ♔×e6 3.♕g4+ ♔f7 (3...♔d5 4.♖ad1+ ♔c5 5.♖×d7) **4.e6+ ♔g8** (4...♔e8 5.♕×g7 ♖×f4 6.e×d7+) **5.e×d7 ♕c6?** (5...♕b6 6.♖ae1 =) **6.♖ae1 ♖e4 7.♖×e4 ♕×e4 8.♗d6!** (1–0). Klovans-Dementiev, URSS, 1972. 8...♕×g4 9.d8♕+ ♗×d8 10.♖f8++.

111. 1.♘g6! ♖×d4 (1...f×g3 2.♕d3!; 1...♖g8 2.♕f3) **2.♖×d4 f×g6** (2... ♗×d4 3.♕f3!) **3.♕e4! ♕e7 4.♖×d7!** (4.♖d3) **4...♕×d7 5.♕a8+ ♕d8 6.♕c6+ ♕d7 7.♕×c5 ♕b7 8.♕d6 ♕c8 9.♕×b4 g5 10.a3** (1–0). Hazai-Szabo, Hungria, 1983.

112. 13.♗×e6! f×e6 (13...♗×e6 14.♘b5 ♕×c1 15.♖×c1 a×b5 16.♕×b5+) **14.♘d5! ♕b8** (14... ♘×d5? 15.♖×c7 ♘×c7 16.♘e5!, com a dupla ameaça sobre d7 e 17.♕h5+) **15.♘c7+ ♔e7** (15...♔d8 16.♘×a8 ♕×a8 17.♘×e5; 15...♔f7 16.♘×e5+) **16.♕c4! g6 17.♖×d7+! ♔×d7 18.♕×e6+** (1–0). 18.♕×e6+ ♔d8 19.♕×f6+. R.Guerrero-Gude, Open de Sants, Barcelona, 2.9.2006.

113. 25.e5! d×e5 26.d6+ ♔×d6 (26...♗×d6 27.♘b5+ ♔b8 28.♖×f7!) **27.♘b5+ ♔c6 28.♗a5! ♘f6** (28... e×f4?? 29.♕e4++) **29.♘×a7+ ♔d7 30.♖d1+ ♔e8 31.♘×c8 e×f4 32.♕e6!!** (1–0). Ameaça 33.♖d8+! ♘×d8 34.♘d6++. Nogueiras-Miles, Linares, 1994.

114. 24.♖b4! ♗c6 25.♕d1! ♘×f4 (25...♘g4 26.♖×e8 ♖×e8+ 27.♗e2) **26.♖×f4 ♘g6 27.♖d4 ♖×e3+ 28.f×e3 ♔c7 29.c4! d×c4** (29...♘e7 30.c×d5 ♗×d5 31.♗×e7 ♕×e7 32.♕c1+ Tal) **30.♗×c4 ♕g7 31.♗×g8 ♕×g8 32.h5** (1–0). Tal-Botvinnik, Campeonato Mundial (1ª), Moscou, 15.3.1960.

115. 25.♘c7+! ♕×c7 26.♖×c5! ♕e7 (26...♕×c5 27.♕d7+ ♔f8 28.♖f1+ ♔g8 29.♕f7++) **27.♖e5! ♕×e5 28.♕d7+** (1–0). 28...♔f8 29.♖f1+, etc. Planinc-Gerenski, Varna, 1970.

116. 16.♖×e6+! f×e6 17.♗×g6+! h×g6 (17...♔d7 18.♗f7 ♔c6 19.♖×c7+ ♕×c7 20.♕×e6+ ♔b7

21.B×c7 K×c7 22.Q×d5 Rad8 23.Qc5+ Kb8 24.Bd5) **18.Q×g6+** Kf8 (18...Kd7 19.R×c7+ Q×c7 20.Qf7+) **19.B×c7** (1–0). Não há defesa contra 20.Bd6+. Movsesian-Borriss, Bundesliga, 2005-06.

117. **18.N×e6! f×e6** (15...B×c3 16.Nc7+ Kf8 17.Qd8+ R×d8 18.R×d8+ Ne8 19.Re×e8++) **16.R×e6+ Be7** (16...Kf8 17.R×f6+! g×f6 18.Qh6+ Ke8 19.Qh5+ Ke7 20.Qf7++) **17.R×e7+! K×e7 18.Qd6+ Ke8 19.Qe6+** (1–0). 19... Kf8 20.Qf7++. Gligoric-Sofrevski, Campeonato da Iugoslávia, Kragujevac, 1959.

118. **1.Nd5!! Bb7** (1...c×d5 2.Q×d5 Rb8 3.B×d7+ B×d7 4.Q×e5+; 1...Rb8 2.Bb6! R×b6 3.N×b6; 1...Be7 2.N×e7 Q×e7 3.Rc3 c5 4.R×d7! B×d7 5.B×c5 Q×g5 6.B×d7+ K×d7 7.Nh3) 2.Nc7+! Q×c7 (2...Ke7?? 3.Qd6++) 3.B×d7+ Kd8 (3...Ke7 4.Bb6! Q×b6 5.Qd6+ Kd8 6.Q×e5 +–) 4.Bg4+ Ke8 5.Bb6! (1–0). 5...Bb4 6.Bd7+ Kf8 7.Q×b4+. Mekhitarian-W.Arencibia, Buenos Aires, 2005.

119. **1.N×f6+! N×f6 2.B×f6 B×f6 3.Qf7+ Be7 4.N×e6! Nc6** (4...Q×e6 5.Bf5) **5.Bf5 Kc8 6.Qg7! Re8 7.Qg3!!** (7.Nc5+ Kc7 8.Rac1 é menos expedito) **7...Nb4 8.Ng5+** (1–0). 8...Kd8 9.Nf7++. D.Gurevich-De Vico, EUA, 1984.

120. **16.N×f7! Q×f7 17.B×c7 Qe6 18.B×d8 B×d8 19.Kh1!** (19.Nc5 Bb6) **19...Nf6 20.Nc5 Qe7 21.Rad1! Bc8** (21...Q×c5 22.R×f6 B×f6 23.Q×d7+ Kf8 24.Qc8+ Kf7 25.Q×h8) **22.e5! Nd5 23.Ne4 Q×e5** (23...Bc7 24.Nd6+ B×d6 25.e×d6 Q×d6 26.c4) **24.Rde1 Be7 25.c4 Bb4**

26.Nc3 (1–0). Shirov-I.Sokolov, Wijk aan Zee, 20.1.2004.

121. **16.R×f7! K×f7 17.Ne4 Q×e5 18.N×e6! Ke8** (18...Bf6 19.Rd5 Q×e6 20.Nd6+ Q×d6 21.R×d6+ Kf8 22.Re6 g6 23.Qh6+ Bg7 24.Qf4+ Notkin) **19.Rd5! Q×e6 20.Nd6+ Q×d6 21.R×d6 Nf6?** (21...Rf8 22.Re6 Rf7 23.Re4; 21...Kd8!? 22.Rd1 Rf8 23.Qb6+ Ke8 24.Qc7 Rf6 25.Re1 Notkin) **22.Rd2 Bf5 23.Qe5 Be4 24.Rd6! Rf8 25.Re6 Rf7 26.Rb6 Bc6 27.R×c6! b×c6 28.Qe6** (1–0). Liberzon-Portisch, Erevan, 1965.

122. **19.R×f4! Q×f4 20.Rf1 Qh6** (20...g6 21.Nf6+ Kd8 22.Qd1 Ne3 23.Qd2; 20...Qc7 21.R×f5!; 20... Qe5 21.Nd6+ Kd7 22.B×f5 e×f5 23.R×f5 Qe1+ 24.Rf1) **21.R×f5! Q×h5** (21...e×f5 22.Nd6+) **22.Nd6+; Kd7 23.R×h5 Raf8 24.b5 Bc8 25.Rh4 Kc7 26.N×c8 R×c8 27.B×a7 Rhd8 28.Be4 Rd1+ 29.Kf2 Rcd8 30.R×h7 R8d2+ 31.Kg3 Ra2 32.Bc5 Rc1 33.b6+ Kb7 34.R×b7** (1–0). Rublevsky-Asrian, Open Aeroflot, Moscou, 24.2.2004.

123. **17.N×f7!! Q×f7** (17...K×f7 18.f5 Ke8 19.f×e6 g5 20.Qg6+ Kd8 21.Rf7 Be7 22.Bg3 Qb7 23.Bd6) **18.f5 Qh5** (18...Qg8 19.f×e6 Qh7 20.Qf3 Rf8 21.Qh5+ g6 22.R×f8+ B×f8 23.Qf3 Qg7 24.Bf6 Qg8 25.d5 Bb7 26.Qg3!) **19.B×e6 Nd7 20.f6! N×f6** (20...g×f6? 21.Bg4+) **21.R×f6! Q×h4** (21...g×f6 22.Bg4+; 21...B×e6 22.Q×e6+ Be7 23.Q×c6+ Kd8 24.Rd6++) **22.Q×c6+! Ke7 23.Rf7 K×e6** (23...Kd8 24.Q×d6+ Ke8 25.Bd7+ K×f7 26.Qe6+ Kf8 27.Qe8++) **24.Qc4++.** Carlsen-Gronn, Sadnes, 2005.

124. **13.B×e6! f×e6 14.f4 Ng6?**

(14...Nc4 15.Nxe6 Qa5 16.Nxg7+ Kf7 17.Rhe1) 15.Nxe6 Qd7?! (15... Qc4) 16.Rhe1 Kf7 17.f5 Nf8 18.Bxf6 Bxf6 19.Rxd6 Qc8 (19... Qe7? 20.Nxf8 Qxf8 21.Rd7+) 20.Ng5+ Kg8 (20...Bxg5+ 21.Qxg5 Qc7 22.f6! Ng6 23.Re7+!) 21.Rxf6! gxf6 22.Nge4+?! (22.Re7! Qb8 23.Nxh7+! Qxg3 24.Nxf6++) 22... Ng6 23.fxg6 (1–0). Christiansen-Wojtkiewicz, Campeonato dos EUA, San Diego, 2006.

125. 14.Nxf7! Kxf7 15.Rxe6!! Kxe6 (15...Nf6 16.Rde1) 16.Bc4+ Kf6 (16...Kd6? 17.Qb4+ c5 18.dxc5+ Kc6 19.Bd5++) 17.Re1? (17.Qe3 Qd6 18.Ne5) 17...Nf8 18.Qc3! Kg6 19.Qd3+ Kf6 20.Ne5 Bc8 21.Qf3+ Bf5 22.g4 Qc8 23.gxf5 h5 (23...Qxf5 24.Qxc6+) 24.Ng6 Bb4 25.Re6+ Nxe6 26.fxe6+ Kxg6 27.Bd3+ (1–0). P.F.Schmidt-Nowarra, Cracóvia, 1941.

126. 12.Nxd5!! hxg5 (12...exd5 13.e6! fxe6 14.Bxc6! Qxc6 15.Ne5 +–) 13.Nb6 Qb7 14.Nxa8 Be7 15.Nxg5! Bd7 (15...Bxg5 16.Qd6 Bd7 17.Nc7+ Kd8 18.Rfd1) 16.Nxf7! Kxf7 17.Nb6! Qxb6 18.Qxd7 Nxe5 19.Qe8+ Kf6 20.Rae1! Nf3+!? (20...Qd8 21.Qxd8 Bxd8 22.f4 Ng6 23.Bb3 Nf8 24.Bc4 a5 25.g4) 21.gxf3 Qd6 22.h3! Rxh3 23.Rxe6+! Qxe6 (23...Kxe6 24.Qg6+ Nf6 25.Re1+ Qe5 26.Bd7+ Kxd7 27.Rxe5) 24.Bd7 (1–0). Moskalenko-J.González, Montcada, 24.11.2006.

127. 21.Rd7! Bxe3 22.Rxf7+ Kg8 23.Rxe3 Qc5 (23...Rd8 24.Rxf6!? gxf6 25.Rg3+ Kf8 26.Qd7!! Lutz) 24.Rg3! Nh5 25.Rgxg7+!! Nxg7 26.Rxg7+! Kxg7 27.Qd7+ Kf6 28.Ng4+ Kg6 (28...Kg5 29.Qg7+

Kf4 30.g3+ Kf3 31.Qf6+ Kxg4 32.h3+ Kh5 33.g4++) 30.Bxe4+ Kg5 31.Qd2+! Kxg4 32.h3+ Kh5 33.Qe2+ (1–0). Avrukh-Kaspi, Campeonato de Israel, Ramat Aviv 22.12.2000.

128. 14.Bb5+! axb5 15.Ndxb5 Qb6 16.Bxc5 Qxc5 17.Rxf6! gxf6 19.Nce4 Qd4 (19...Qc7 20.Qh5 Rf8 21.Qh6) 20.Qh5 Rf8 21.Rd1 Qe3 (21...Qxb2 22.Qh6 Qxc2 23.Nf5+! Ftacnik) 22.Qh4 Qf4 23.Qe1 Ra4 (23...f5 24.Qb4 fxe4 25.Nxe4+ Ke8 26.Qb5+ Ke7 27.Qc5+ Ke8 28.Qc7 Ftacnik) 24.Qc3 Rd4 (24...Rd8 25.Qc7+ Bd7 26.Nc8+ Rxc8 27.Rxd7; 24...Rxe4 25.Qc7+ Bd7 26.Nf5+!) 25.Rxd4 Qf1+ 26.Kh2 exd4 27.Qc5 Kd7 28.Nb5 Qf4+ 29.g3 (1–0). 29...Qe5 30.Nxf6+! Qxf6 31.Qd6+ Ke8 32.Nc7++. Kasparov-Anand, Tilburg, 1991.

Complete a sua coleção!